Eine kulinarische

Entdeckungsreise

Silke Martin · Brigitte Offenberg

Eine kulinarische
Entdeckungsreise
durch Rheinhessen

UMSCHAU

INHALT

INHALT

RHEINHESSEN

Die Zahlen in der Karte sind identisch mit den Seitenzahlen der einzelnen Betriebe in diesem Buch und bezeichnen ihre Lage.

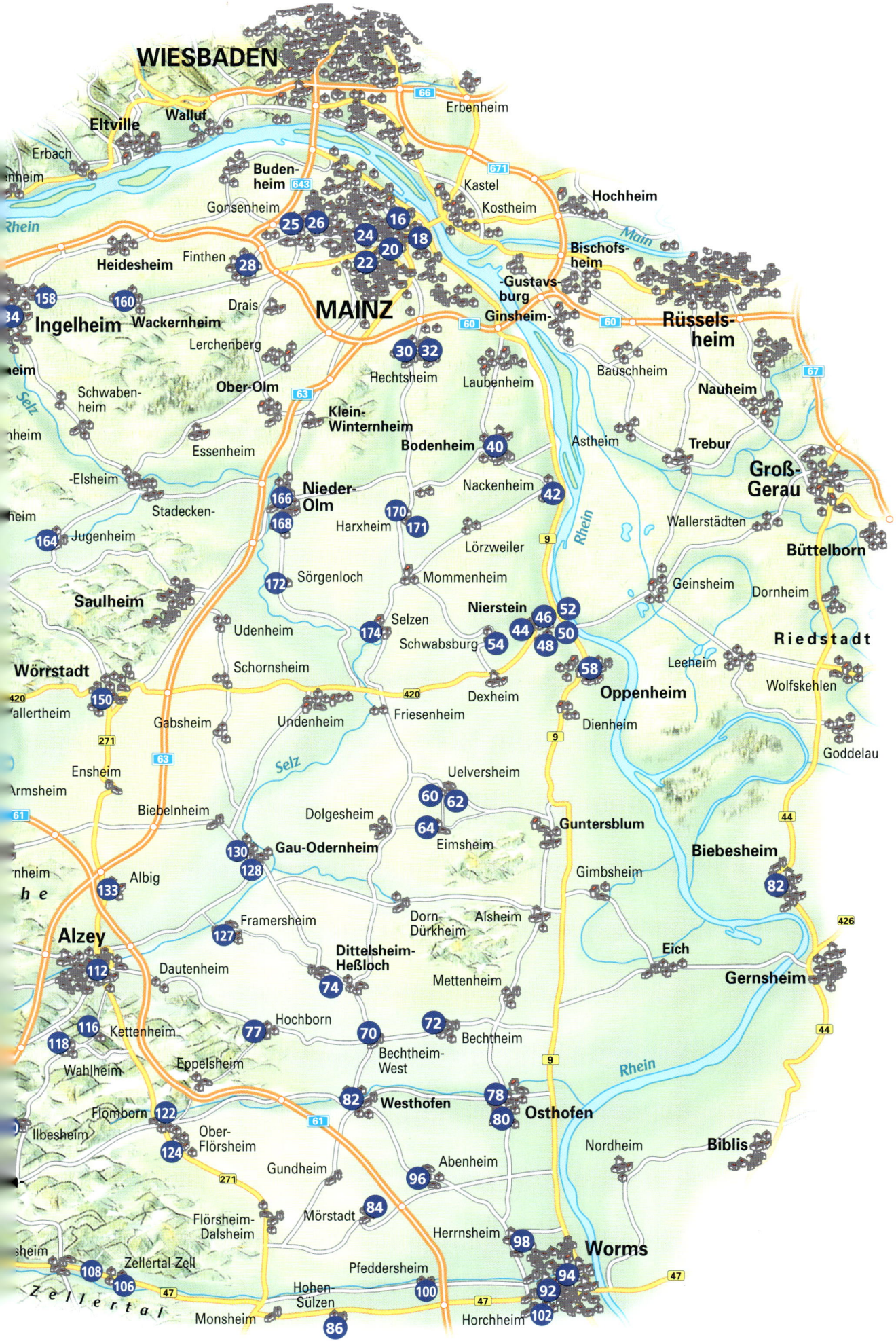

WIESBADEN

Eltville
Walluf

Erbach

Erbenheim

66

Buden-
heim
643

Kastel

Hochheim

Gonsenheim

Kostheim

25 26

16

Hochheim

671

Heidesheim
Finthen

28

24

18

Bischofs-
heim

20

Gustavs-
burg

22

MAINZ

Ginsheim-

158

160

Ingelheim
Wackernheim

Drais

60

Rüssels-
heim

34

Lerchenberg

60

Schwaben-
heim

Ober-Olm

63

30 32

Laubenheim

Bauschheim

Nauheim

Selz

Klein-
Winternheim

Hechtsheim

Astheim

Trebur

heim

Essenheim

Bodenheim

40

Nackenheim

67

Groß-
Gerau

-Elsheim

Stadecken-

166

Nieder-
Olm

42

Rhein

Wallerstädten

Büttelborn

164

Jugenheim

168

170

Harxheim

171

Lörzweiler

9

heim

172

Sörgenloch

Mommenheim

Geinsheim

Dornheim

Saulheim

Udenheim

Selzen

174

Nierstein

46 52

Riedstadt

Schornsheim

Schwabsburg

54

44

50

Wörrstadt

420

48

58

Leeheim

Wolfskehlen

150

Gabsheim

Undenheim

420

Dexheim

Oppenheim

420

allertheim

271

Friesenheim

Dienheim

9

Goddelau

63

Selz

Uelversheim

Ensheim

60 62

Armsheim

Biebelnheim

Dolgesheim

64

Guntersblum

61

130

Gau-Odernheim

Eimsheim

Biebesheim

Albig

128

44

nheim

133

Dorn-
Dürkheim

Alsheim

Gimbsheim

82

h e

Framersheim

Eich

426

Alzey

127

Dittelsheim-
Heßloch

Mettenheim

Gernsheim

112

Dautenheim

74

116

Kettenheim

Hochborn

72

44

118

77

70

Bechtheim

Wahlheim

Bechtheim-
West

9

Rhein

Eppelsheim

Flomborn

122

82

Westhofen

78

Osthofen

Ober-
Flörsheim

80

Nordheim

Biblis

ilbesheim

124

Gundheim

Abenheim

271

96

sheim

Flörsheim-
Dalsheim

Mörstadt

84

Herrnsheim

108

Zellertal-Zell

Pfeddersheim

98

Worms

106

Hohen-
Sülzen

100

94

47

Z e l l e r t a l

47

47

92

Monsheim

86

Horchheim

102

9

Rheinhessen – Land der tausend Hügel, Toskana Deutschlands –, der Landstrich, der sich so idyllisch in den Rheinbogen schmiegt, trägt manch liebevollen Beinamen.

Begrenzt vom Rhein im Norden und Osten, der Pfalz im Süden und der Nahe im Westen erstrecken sich die beschaulichen Weingemeinden zwischen den Zentren Mainz, Worms, Alzey und Bingen. Seit Jahrmillionen lässt sich hier Leben zurückverfolgen und zahlreiche beeindruckende paläontologische Funde verweisen auf eine mal wüstenartig karge, mal meerumtoste maritime Vergangenheit.

Kelten und Germanen, Römer und Franken, Salier und Staufer regierten das Land, nutzten die reichen Schätze dieses fruchtbaren Fleckchens Erde und beeinflussten nicht nur die Entwicklung der großen Städte maßgeblich, sondern hinterließen auch in den kleinen Gemeinden bedeutende kulturelle Spuren.

Schweden, Spanier und Franzosen zogen machthungrig und mit oft zerstörerischer Wut durch das Land. Erst mit dem Wiener Kongress nach dem Ende der Napoleonischen Herrschaft kehrte Ruhe ein und die Region Rheinhessen wurde zum ersten Mal als solche namentlich erwähnt – dem Großherzogtum Hessen-Darmstadt wurde die linke Rheinseite zugeteilt und Mainz wurde zur Hauptstadt der neu entstandene Provinz Rheinhessen. Nach dem zweiten Weltkrieg ging das Gebiet im Bundesland Rheinland-Pfalz auf.

Dem Wein gebührt unbestritten die Hauptrolle im kulinarischen Alltags Rheinhessens, dem größten deutschen Weinanbaugebiet mit der ältesten verbrieften Weinlage (Niersteiner Glöck) und der meistprämierten Weinbaugemeinde der Nation (Flörsheim-Dalsheim). Ob einfacher Schoppenwein oder Großes Gewächs – die rund 3000 Vollerwerbswinzer der Region beherrschen die ganze Bandbreite an Qualitätsstufen vortrefflich. Edle Rieslinge, tiefdunkle Spätburgunder, fruchtige Silvaner und edel moussierende Winzersekte – das Angebot ist mannigfaltig und selbst herausragende Weine werden zu einem sehr fairen Preis gehandelt.

Auch die Gastronomieszene des Landes zeigt sich abwechslungsreich und reicht vom Gourmet-Menü im Edel-Restaurant bis zur deftigen Vesper in der Straußwirtschaft – nur einem Diktat unterwerfen sich alle Küchenchefs hierzulande freiwillig: Zum Wein muss passen, was sich da auf dem Teller zeigt – und nicht nur als Begleiter, auch als wichtigste Zutat im Essen ist der Wein unabdingbar.

Rheinhessen ist keine sehr große Region, doch es lassen sich eine Reihe von individuellen Landstrichen entdecken, die eigene Schwerpunkte setzen: Die Domstädte Mainz und Worms mit ihrer jahrtausendealten Stadtgeschichte, das Alzeyer Hügelland mit seinem Zentrum, der Volkerstadt Alzey, umrahmt von der reizvollen Rheinhessischen Schweiz und dem fruchtbaren Wonnegau, das liebliche Selztal, das dieses gesegnete Rebland durchquert, und nicht zuletzt die wichtigen Kulturstandorte am Rhein, Bingen, Ingelheim und Oppenheim, die höchsten Weingenuss mit kulturellen Sehenswürdigkeiten verbinden.

So wie die Landschaft – weit, unverbaut, mit freien Blick bis zum Horizont –, so zeigen sich auch die Rheinhessen als offene, herzliche Gastgeber. Ob im Winzercafé, Weinhotel oder im Urlaub beim Rheinhessenwinzer – hier kann man Land und Leute ganz authentisch erleben.

Die Region Rheinhessen ist touristisch bei weitem nicht so perfekt erschlossen wie seine Nachbarn Pfalz und Rheingau. Und so wird die Fahrt durch diesen schönen, noch immer sehr idyllisch gebliebenen Landstrich, der wie kaum ein zweiter vom Wein geprägt ist – landschaftlich, gesellschaftlich und kulinarisch –, wirklich zu einer Entdeckungsreise der besonderen Art.

Silke Martin

Mainz, Landeshauptstadt von Rheinland-Pfalz und einstige Hauptstadt der Provinz Rheinhessen, verwöhnt den Besucher mit viel Kultur und lädt mit einer herzlich-rheinischen Gastfreundschaft zum Besuch.
Um 38. v. Chr. gründete der römische Statthalter Agrippa ein Militärlager für seine Legionen – die Keimzelle der Stadt. Eine erste Blütezeit folgte im 8. Jh. durch den hl. Bonifatius, der hier als Bischof wirkte und in dessen Folge Mainz zum Erzbistum mit weit reichenden Machtbefugnissen erklärt wurde (seit 1789 "nur noch" Bischofssitz; der amtierende Bischof Karl Lehmann wurde 2001 vom Papst zum Kardinal erhoben).

Eine weitere Hochzeit erlebte das "Goldene Mainz" als Hauptstadt des Rheinischen Städtebunds im 13. Jh., 1446 erfand Johannes Gutenberg den Buchdruck mit beweglichen Lettern, 1476 wurde die Universität gegründet, die heute seinen Namen trägt.
Später prägten die Kurfürsten von Schönborn das Stadtbild entscheidend mit ihren stattlichen Adelspalais, die sich mit ihrer roten Sandsteinarchitektur reizvoll aus dem Stadtbild herausheben.
Erklärter Mittelpunkt der Stadt ist der imposante romanische Dom St. Martin und St. Stephan. Die dreischiffige, doppelchö-

rige Gewölbebasilika wurde auf den Fundamenten älterer Vorgängerbauten unter Erzbischof Williges errichtet und 1036 erstmals fertig gestellt. In den folgenden Jahrhunderten durchlebte der Sakralbau Brände, Auf-, An- und Umbauphasen, in denen er sein heutiges Erscheinungsbild erhielt. Das reich verzierte Äußere besticht durch den mächtigen achteckigen Vierungsturm des Querhauses mit zwei flankierenden Rundtürmen, dem filigranen spätgotischen Westchor (dem hl. Martin geweiht, der auf dem First als Reiter zu sehen ist), dem ebenfalls zwei Türme vorgelagert sind, und dem Ostchor mit Apsis (dem hl. Stephan geweiht).

Den Hauptbau ergänzen Nikolaus-, Gotthard- und Nassauer Kapelle, Memorie (Totengedächtniskapelle), Sakristei sowie Kreuzgang und Kapitelbauten mit Bischöflichem Dom- und Diözesanmuseum (wertvolle Exponate aus 1000 Jahren Domgeschichte).

Zu den Sehenswürdigkeiten im Inneren zählen über 60 Grabdenkmäler, die neugotisch überarbeitete mittelalterliche Kanzel, der goldene Reliquienschrein im Ostchor, der Bassenheimer Altar und die spätgotische Grablegung in der St.-Magnus-Kapelle, das Rokoko-Chorgestühl im Westchor und der Hauptaltar mit seinem Bronzekreuz.

Die pittoreske Altstadt wird von kleinen Gässchen, kunstvoll verzierten Brunnen, gemütlichen Weinstuben, historischen Fachwerkfassaden und den Sandstein-Prachtbauten aus der Kurfürsten-Ära geprägt.

Das "Haus zum Römischen Kaiser", ein Renaissancebau mit Turm und flankierenden Giebeln, in dem schon Mozart und Goethe residierten, beherbergt heute das Gutenberg-Museum (Original Gutenberg-Bibeln, Nachbau der Gutenberg-Werkstatt, Rekonstruktion einer Klosterschreibschule und Zeitungsdruckerei).

Von der einstigen Stadtbefestigung sind u. a. der Holz- und der Eisenturm, das Eiserne Tor und der Bogen des Gautors erhalten geblieben. Auf dem Jakobsberg erhebt sich die barocke Zitadelle mit ihren vier Spitzbastionen.

Unter den vielen Kirchen der Stadt sei exemplarisch verwiesen auf die St. Johanniskirche, die älteste Mainzer Kirche, die kath. Pfarrkirche St. Ignaz mit reizvoller Westfassade aus Mainsandstein, die den Übergang vom Rokoko zum Klassizismus

markiert, die Augustinerkirche mit kostbaren Deckenmalereien und die kath. Pfarrkirche St. Stephan auf dem Stephansberg mit ihren außergewöhnlichen blau leuchtenden Fenstern mit alttestamentarischen Szenen aus der Meisterhand des Malers Marc Chagall.

Das kurfürstliche Schloss, ein stattlicher Renaissancebau am Rheinufer, beherbergt heute im Ostflügel das Römisch-Germanische Zentralmuseum (Exponate von der Altsteinzeit bis zum Mittelalter, Handwerks- und Gebrauchsgegenstände, Schmuck, Waffen). Weitere kurfürstliche Bauten sind der barocke Marstall (Landesmuseum mit Altertumssammlung zur Vor- und Frühgeschichte, Kunstsammlung vom Mittelalter bis zur Neuzeit), Altes und Neues Zeughaus sowie das Deutschhaus, ein palastartiger Bau mit breitem, spitzgie-

belbekröntem Mittelrisalit (Sitz des Landtags).

Die Alte Universität "Domus Universitatis" sowie die zahlreichen schönen Adelspalais – der Dienheimer, Bassenheimer, Älterer und Jüngerer Dalberger, Osteiner, Schönborner, Erthaler und Stadioner Hof – legen auf jeweils individuelle Weise Zeugnis für eine prosperierende Epoche ab.

Neben den bereits erwähnten Museen sei noch auf das Naturhistorische Museum (seltene und außergewöhnliche Tiere und Pflanzen von früher Vorzeit bis zur Gegenwart sowie geologische Exponate) und das Museum für Antike Schifffahrt (spektakuläre Rekonstruktion römischer Kriegsschiffe) verwiesen.

PROVIANT-MAGAZIN – Restaurant, Café & Gastgarten

**Proviant-Magazin –
Restaurant, Café & Gastgarten**

Weinhaus-
Verwaltungsgesellschaft mbH

Schillerstraße 11a
55116 Mainz

Telefon 0 61 31 / 9 06 16 00
Telefax 0 61 31 / 9 06 16 11

Das imposante Proviant-Magazin gehört zu den interessantesten Zeitzeugen der Mainzer Stadtgeschichte. Das militärisch akkurate Sandstein-Gebäude wurde in der 2. Hälfte des 19. Jahrhunderts von der königlich preußischen Festungs-Geniedi-rektion als bombensicheres Proviant-Magazin mit Kriegsbäckerei geplant und mit hohem finanziellen Einsatz errichtet, aber tatsächlich nie genutzt.

Nun ist es – aufwändig restauriert – zur beeindruckenden Kulisse für ein abwechs-lungsreiches Genusskonzept geworden, das seit dem 1. Mai 2004 die Gastronomie-szene der Landeshauptstadt bereichert. Den ganzen Tag über können die Gäste ein anspruchsvolles kulinarisches Angebot wahrnehmen, das vom morgendlichen Frühstück bis zum erlesenen Dinner am Abend allen Ansprüchen gerecht wird. Historie und Gegenwart verschmelzen auf harmonische Weise zu einem gelungenen Interieur. Das Restaurant beeindruckt mit seinem wunderschönen Tonnengewölbe, das den Gast in lauschige Nischen führt, während der lichtdurchflutete Café-Bereich mit einer mediterranen Farbgestaltung und der sommerliche Gastgarten mit seinem plätschernden Brunnen und großen Son-nenschirmen legere Dolce-vita-Stimmung mitten in Mainz zu zaubern vermag.

Die Küche zeigt sich frisch, kreativ und innovativ in ihrer Speisenkomposition, verweist aber zugleich sehr herzlich auf regionale Spezialitäten und manch alte Mainzer Tradition. So erlebte das original Mainzer-Aktien-Bier seine Wiedergeburt, das nach Originalrezeptur im Auftrag des Proviant-Magazins gebraut wird und Mainz damit ein verlorenes Stück kulinari-scher Stadtgeschichte zurückgibt. Während das Angebot im Café vom Frühstücksbuffet über Kaffee und Kuchen sowie kleinen Leckereien bis zum Cocktail reicht, wird die À-la-Carte-Auswahl im Restaurant von themenorientierten und saisonal abge-stimmten Buffets begleitet.

Am 3. Oktober gibt es ein Erntedankfest und der 11.11. steht nicht nur im Zeichen der Martinsgans, sondern rückt auch die Mainzer Fastnacht in den Mittelpunkt, und der Bockbieranstich wird weit jenseits des Weißwurstäquators ebenfalls zünftig gefeiert.

Mit Betriebsdirektor Manfred Wappel und Küchenchef Thomas Meinlschmidt, die beide manch illustre Station auf ihrem Berufsweg durchliefen, hat das Haus ein professionelles, ambitioniertes Führungs-Team gewonnen, unter dessen Ägide sich das Proviant-Magazin schon sehr bald als feste Genussstation im Alltag der Mainzer etablieren wird.

Tipp: Die historischen Mauern beheimaten auch das Mainzer Fastnachtsmuseum und das Deutsche Kabarettarchiv, die zum Besuch einladen!

MAINZ

GESCHMORTE LAMMHAXEN MIT SPECKBOHNEN

Zutaten

Je 1 Karotte, Lauchstange, gr. Zwiebel
100 g Sellerieknolle
4 Lammstelzen à 300 – 350 g
Salz, Pfeffer
1 El Mehl
2 El Öl
2 Thymianzweige
1 Lorbeerblatt
2 – 3 Knoblauchzehen
1 EL Tomatenmark
500 ml Lammfond
1 Bd. Majoran
500 g Keniabohnen
1 kl. Zwiebel
50 g Speckwürfel

Zubereitung

Lammstelzen salzen, pfeffern, mit
Mehl bestäuben. In heißem Öl goldbraun anbraten. Röstgemüse putzen
und klein schneiden, mit Thymian,
Lorbeer und ungeschältem Knoblauch
kurz mitrösten. Lammstelzen im auf
250 °C vorgeheizten Backofen 20 Min.
braten, unterdessen einmal wenden.
Nun Fett abschöpfen und
Tomatenmark kurz anschmoren. Die
Hälfte des Lammfonds und Majoran
zufügen, Stelzen zugedeckt bei 160 °C
weitere 1,5 Std. schmoren, hin und
wieder mit Fond begießen.
Herausnehmen, warm stellen, den
Schmorsud durchpassieren. Mit Salz
und Pfeffer nachwürzen, ggf. leicht
abbinden.
Bohnen putzen, in kochendem Salzwasser knackig garen, dann in Eiswasser abschrecken. Zwiebel fein
würfeln, mit dem Speck andünsten.
Bohnen zugeben und mit Salz u.
Pfeffer abschmecken. Dazu passen
würzige Rosmarienkartoffeln.

Restaurant MOLLERS im Staatstheater

Weinhaus-
Verwaltungsgesellschaft mbH
MOLLERS im Staatstheater

Gutenbergplatz 7
55116 Mainz

Telefon 0 61 31 / 6 27 92 11
Telefax 0 61 31 / 6 27 92 12

Ruhetag Restaurant: Mittwoch

Kultur, kulinarische Freuden vom Feinsten und ein einzigartiger Panoramablick über die Dächer der Gutenbergstadt: All dies macht das MOLLERS, das seine Heimat in einem architektonisch eindrucksvoll gestalteten Glaszylinder auf dem Dach des Mainzer Staatstheaters gefunden hat, zu einem ebenso sehenswerten wie genussvollen Ziel für Feinschmecker. Mit seinem Namen zollt das Haus dem Erbauer des imposanten Sandsteingebäudes, Georg Moller, seine Referenz.

Unter der Führung von Betriebsleiter und Wirtschaftsdirektor Manfred Wappel hat sich hier ein rundum gelungenes Gastronomiekonzept etabliert, das den Tag genussvoll zu begleiten vermag.

Das Serviceteam umsorgt die Gäste mit zuvorkommender Perfektion, die Küchenmannschaft setzt die hohen Qualitätsmaßstäbe in fantasievolle Kreationen um – in vielfältiger Bandbreite, für jede Gelegenheit und jeden Geldbeutel.

Das Bistro (kein Ruhetag) im Erdgeschoss lädt schon ab 9.00 Uhr zum Frühstück und mittags zur kulinarischen Rast mit kleinen Leckereien von der rheinhessischen Kartoffelsuppe mit Mainzer Fleischwurst über frische Salate bis zur Perlhuhnbrust in Riesling gedünstet mit Oliven-Zucchinigemüse und Tomatennudeln. Wenn das Wetter es zulässt, genießen die Gäste die feinen Gourmandisen auch gern draußen auf der Sonnenterrasse.

Der Panorama-Lift bringt den Gast hinauf ins Restaurant. Hier wird unter der Ägide von Küchenchef Emir Camdciz eine anspruchsvolle Gourmet-Küche serviert, die sich der klassisch französischen Stilrichtung ebenso verpflichtet fühlt wie der beschwingt mediterranen Variation. So vereint sich das Semmelknödelcarpaccio mit

Lammkarree mit gebackenen Bohnen, Parmesan und Serranoschinken

Zutaten

350 g Lammkarree m. Knochen
80 g Prinzessbohnen
40 g Serranoschinken
80 ml Rotwein
30 g Butter
2 Eier
30 g Mehl
Paniermehl
Öl

Zubereitung

Lammkarree von Haut und Fettkruste befreien, in heißem Öl anbraten und im auf 180 °C vorgeheizten Ofen ca. 10 Min. fertig braten, herausnehmen. Bohnen blanchieren. Schinken in dünne Scheiben schneiden, ausbreiten und frisch geriebenen Parmesan darauf geben. Die Bohnen darauf setzen und mit Küchengarn zu einem festen Bündel zusammenbinden. Das Schinken-Bohnen-Bündel zunächst in Mehl, dann in geschlagenem Ei und zuletzt in Paniermehl wenden und in Öl frittieren. Den Bratenfond mit Rotwein ablöschen und mit Butter leicht abbinden. Nun gemeinsam mit dem ausgebackenen Schinken-Bohnen-Bündel anrichten.

Malteservinaigrette und frischen Pfifferlingen, die Kalbsrückenmedaillons, gehüllt in einen Serranoschinkenmantel,
treten mit Rahm-Waldpilzen und Gnocchi auf. Und die fruchtige Kiwigrütze trifft sich mit Pfirsich-Eis und Grenadinesirup zum Rendezvous. Dazu werden Weine aus Rheinhessen, dem Rheingau sowie den wichtigen südeuropäischen Weinnationen kredenzt – und nach dem Dinner bittet die elegante Lounge noch zum Schlummertrunk.
Mittags und abends (an Vorstellungstagen bis 23.30 Uhr) laden das abwechslungsreiche "Theaterbuffet" und am Sonntagmorgen der ausgiebige Mollers-Brunch zum Schlemmen mit diversen Vorspeisen, Suppen und Salaten, drei verschiedenen Hauptgerichten sowie Dessert- und Käsevariationen ein.
Auch die Theatergäste genießen in den Pausen regionaltypische Kleinigkeiten aus Küche und Keller des Hauses.
Und sogar wenn der Vorhang gefallen ist, lädt das MOLLERS Kulturfreunde noch in sein stilvolles Ambiente ... zum letzten genussvollen Akt des Tages.

Gebert's Weinstuben

Frauenlobstraße 94
55118 Mainz

Telefon 0 61 31 / 61 16 19
Telefax 0 61 31 / 61 16 62

Ruhetage: Samstag, Sonntagmittag

Mainz ist bekannt für seine Weinstuben – das Traditionshaus Gebert's Weinstuben gehört unzweifelhaft zu den anerkanntesten Adressen der Domstadt. Familie Gebert bürgt seit 117 Jahren mit ihrem guten Namen für hohe Qualität und herzliche Mainzer Gastfreundschaft. Seit Johann Gebert 1887 eine Bäckerei in Mainz gründete und einige Jahre später hierher in die Frauenlobstraße zog und zusätzlich ein Weinhaus einrichtete, gelang es der Familie trotz schwieriger Zeiten das Familienerbe erfolgreich zu bewahren.
1974 eröffnet Urenkel Wolfgang gemeinsam mit Ehefrau Marianne schließlich Gebert's Weinstuben erneut und begründet

den mit zahlreichen Auszeichnungen belegten guten Ruf des Spezialitäten-Restaurants. Für Sohn Frank war es immer eine Selbstverständlichkeit, den elterlichen Betrieb fortzuführen, die Tradition im Sinn, aber auch mit klarem, offenem Blick für die Bedürfnisse des modernen Gastes. So kehrte er nach lehrreichen Stationen in der Sterne-Gastronomie in Deutschland und London und dem Studium zum Gastronomiebetriebswirt gern an den elterlichen Herd zurück und unterstützt den Vater nun tatkräftig in der Küche, bis er selbst die Leitung des Hauses übernehmen wird. Während sich die lange Tradition des Hauses vor allem in der klassischen Ein-

SCHWEINELENDE MIT HANDKÄSKRUSTE

Zutaten

8 Schweinemedaillons
8 Scheiben Speck
200 g getrocknete Belugalinsen
250 ml Jus
Balsamicoessig
Zwiebeln, Karotten, Sellerie, klein
geschnitten
500-600 ml Gemüsebrühe
Butter
Salz, Pfeffer

Kruste:
150 g Butter
50 g Paniermehl
150 g Handkäse
1 Ei
Kümmel

Zubereitung

Butter schaumig schlagen, zuerst das
Ei, dann nach und nach Paniermehl
unterrühren. Handkäse fein gewürfelt
unter die Masse geben. Mit Salz,
Pfeffer und gehacktem/gemahlenem
Kümmel abschmecken. Auf Alufolie
geben und zu einer Rolle drehen. Die
am Vortag eingeweichten Linsen
absieben. Gemüsebrühe aufkochen
und Linsen hinzugeben, Zwiebeln,
Karotten und Sellerie zufügen. Ca. 15-
20 Min. köcheln lassen, bis die Linsen
weich sind, dann Gemüsewürfel herausnehmen und mit Balsamico, Salz,
Pfeffer und Butter abschmecken.
Schweinemedaillons mit Speck umwi-
ckeln. Beidseitig anbraten, herausnehmen. Jus mit Balsamico, Salz, Pfeffer
abschmecken und etwas Butter auf-
montieren. Krustenrolle aufschneiden,
auf die Medaillons legen, im Ofen bei
starker Oberhitze oder unter dem Grill
gratinieren. Dekorativ anrichten.

richtung des Restaurants widerspiegelt,
zeigt die Küche sich zeitgemäß, frisch und
aromenreich. Ob Eis, Nudeln oder Pralinen,
fast alles, was hier die Küche verlässt, ist
selbst gemacht und erfüllt damit am besten
den hohen Qualitätsanspruch der Geberts.
Die regional verhaftete Speisenauswahl auf
der Basis von hochwertigen, zumeist regional verwurzelten Grundprodukten verschließt sich dem Blick über den heimischen Tellerrand keinesfalls und bietet
illustre Gaumenfreuden mit hohem
Anspruch.
So steht neben der Maischolle mit Spargel-
Erbsengemüse auch ein exotischer Bara-
mundi auf der Karte, der, in Salbeibutter
gebraten, mit Petersilienrisotto und ge-
schmolzenen Tomaten daherkommt. Das

Schweinefilet hüllt sich in eine Mainzer-
Handkäs-Kruste und harmoniert hervorra-
gend mit Belugalinsen und Schnittlauch-
Essigjus.
Und das gelierte Seccosüppchen begeistert
gemeinsam mit Waldmeistersorbet den
Genießergaumen.
Dazu werden in der Hauptsache anspruchs-
volle rheinhessische Weine serviert, passen
sie doch so gut zu den regionalen Genüs-
sen, bei denen der Wein nicht selten selbst
eine wichtige Rolle spielt.
Im Sommer sitzt man im Hof hinter dem
Haus unter Reben besonders gemütlich.
Gebert's Weinstuben sind eben zu jeder
Jahreszeit einen Besuch wert, wenn Sie
echte, herzliche Mainzer Gastlichkeit
kennen lernen wollen!

Restaurant Alte Patrone & Schlageter's Weinbar

Am Judensand 61-63
55122 Mainz

Telefon 0 61 31 / 38 46 38
Telefax 0 61 31 / 38 46 53

Ruhetage: Sonntagabend, Montag

Mit dem Restaurant Alte Patrone hat Patron Christian Schlageter in Mainz ein anspruchsvolles kulinarisches Konzept etabliert, das mit einer fantasievollen Gourmetküche, einer renommierten Weinauswahl sowie einem sehenswert designten Ambiente die Gastronomielandschaft der Stadt um ein echtes Highlight bereichert. Das Interieur wird von natürlichen Elementen geprägt – Holz, Stein, Leder, Glas. Kunst ergänzt unauffällig, aber dennoch präsent den modern inszenierten Charme des historischen Hauses, das früher als Munitionsfabrik diente.

Das Restaurant Wintergarten bietet, lichtdurchflutet und von Bambus umgeben, eine adäquate Bühne für die anspruchsvolle Küche des leidenschaftlichen Kochkünstlers Schlageter, der von einer kreativen Energie für eine sinnenfreudige Küche auf Basis einer traditionellen Kochkultur geleitet wird.

Die sich dem saisonalen Marktangebot verpflichtete Speisenauswahl ist geprägt von Frische und höchster Qualität aller Grundprodukte und zeigt sich sowohl von der klassisch französischen Küche als auch von mediterranen Impressionen beeinflusst. Die Terrine von Rehbock und Wachtel bettet sich auf Apfel-Selleriesalat, umrahmt von Preiselbeer-Senfsauce, das Steak vom Ostseewildlachs zeigt sich mit Zitronen-Thymiansauce und Brennnessel-Ravioli und der Fromage blanc trifft sich mit Mille-Feuille von frischen Himbeeren. Dieser südliche Crossover-Stil ist auf die bemerkenswerten beruflichen Stationen des umtriebigen Küchenchefs zurückzuführen, die ihn in die Spitzengastronomie seiner Heimat Baden und von dort nach Rom, in die Toscana und zuletzt in den Rheingau führten. Auch sein Engagement in der Alten Patrone ist nicht unbemerkt geblieben. Im "Who's Who of Chefs", einer Auf-

Sommerliche Dessertvariation
Für 8 Personen

Gebackene Holunderblüten:
16 aufgeblühte Holunderblüten
200 g Mehl
6 cl Milch
8 cl Weißwein
2 Eier
Abrieb 1 Zitrone
2 TL Zucker
1 Pr. Salz
Öl
Puderzucker
Mehl mit Milch und Weißwein glatt
rühren, Zitronenschale, Zucker und
Salz hinzufügen, die Eier unterschla-
gen und 20 Min. ausquellen lassen.
Holunderblüten in den Teig tauchen,
in ca. 180 ºC heißem Öl goldgelb ausbacken, abtropfen lassen, mit
Puderzucker bestreuen.

Erdbeersorbet:
180 g Zucker
30 cl Wasser
6 Bl. fein gehackte Minze
Saft von 2 Zitronen
500 g Erdbeeren
1/8 l Weißwein
Zucker mit Wasser 2 Min. aufkochen,
kalt stellen. Minze mit Zitronensaft,
geputzten u. gewaschenen Erdbeeren
sowie Weißwein mixen, durch ein fei-
nes Sieb passieren, mit dem
Läuterzucker in eine Eismaschine füllen und bis zur erwünschten
Konsistenz gefrieren.

Erdbeersalat mit Minze:
1 kg Erdbeeren
2 EL Puderzucker
2 Zitronen
ca. 15 Minzblätter, in feine Streifen
geschnitten
Gewaschene Erdbeeren vierteln mit
den übrigen Zutaten vermischen und
sofort servieren.

listung der weltweit besten Küchenchefs,
ist auch der Name Christian Schlageter zu
finden.

Schlageter's Weinbar strahlt mit seiner
offenen, Raum lassenden Innenarchitektur
eine kommunikative Atmosphäre aus, die
zum Genießen der über 200 Weine aus
Rheinhessen und der Welt, knapp 20
davon werden offen angeboten, und harmonisch darauf abgestimmten Köstlichkeiten einlädt. Eine breite Glasfront erlaubt
dem Gast sogar den Blick in die Küche.

Zweimal im Jahr lädt Christian Schlageter
zum großen Schlachtfest, das vom Haus-
bis zum Wildschwein vielfältige Spezialitäten bietet.

Unter dem Motto "Rendez Vins – schmecken & entdecken" werden thematische
Veranstaltungen wie Männer-Kochkurse
oder Weinsensorik-Seminare für Frauen
angeboten und die Spezialitäten einer kulinarisch interessanten Region mit erlesenen
Menüs und anspruchsvollen Weinproben
vorgestellt.

LaGallerie – Restaurant & Weinbar

15 offene Positionen und eine umfangreiche Auswahl an halben Flaschen ermöglichen einen guten Einstieg in die prominent besetzte Weinkarte, die sogar große Weine zu einem sehr kundenfreundlichen Preis offeriert. Nach dem Essen bieten Zigarren und exklusive Digestifs neue Gaumenfreuden, neben schottischen Single Malt Whiskys ist auch Edles aus Rheinhessen, Italien und Frankreich zu entdecken. Frank Brunswig, Hotelkaufmann, Koch und Mitinhaber einer Grafik-Design-Agentur, übernahm mit seinem Partner Kurt Höfer am 29. Juni 2004 die renommierte LaGallerie in der lebendigen Gaustraße. Als stolzes Mitglied der Mainzer Prinzengarde hat er sein neues Betätigungsfeld als zukünftiges Quartier seiner Gardekollegen auserkoren, so werden sich während der tollen Tage künftig alte Traditionen und Trends der Gegenwart in stimmungsvoller Weise vereinen.

Das Ambiente der LaGallerie zeigt sich klar, zurückgenommen, stylish. Im Hintergrund evolviert Jazz-Musik leger-entpanntes Lounge-Flair, schwarze Ledergarnituren, akkurat aneinander gereihte Tische und moderne Kunst legen den Vergleich zu eleganten amerikanischen Dinner-Restaurants nahe. Die Küche erfreut hingegen mit mediterraner Verspieltheit und exotischen Aromen den Genießergaumen.
Die kleine, erlesene Speisenauswahl überlädt den Gast nicht mit einem Zuviel an Komposition. Küchenchef Tobias Eyrisch lässt den eingebrachten Aromen vielmehr den nötigen Freiraum.

LaGallerie
Restaurant & Weinbar

Gaustraße 29
55116 Mainz

Telefon 0 61 31 / 5 01 94 74
Telefax 0 61 31 / 5 01 94 75

SCHÄFER'S HOFLADEN

Seit dem 30. April 2004 bieten Marga und Werner Schäfer in ihrem schönen Hofladen in Mainz-Gonsenheim Obst und Gemüse aus eigenem, naturnahem Anbau feil. Das saisonal variable Angebot reicht von Radieschen, diversen Kohlsorten, Bohnen, Wirsing, Spinat, Schalotten und Mangold bis zu variantenreichen Salaten, Erbsen, Karotten, Tomaten und Gurken. Von April bis Juni spielt der täglich frisch gestochene Spargel aus eigenem Anbau die Hauptrolle (Hofladen dann auch sonntagsvormittags geöffnet).

Die sympathische Bäuerin sorgt für ein gelungen abgestimmtes Sortiment, das sich stets frisch, knackig und von bester Qualität präsentiert. Knusprige Brot- und Backwaren, Eier und andere Produkte, die der eigene Hof nicht hergibt, stammen von hiesigen Berufskollegen.

Zitrusfrüchte, Hausmacher Wurst, Honig und selbst gemachte Marmelade, Nudeln und des Weiteren Weine und Liköre vom Weingut ihrer Schwester ergänzen Marga Schäfers Genussrepertoire.

Sie führt ihr kleines Geschäft mit viel kreativem Engagement und möchte ihren Kunden auch über das tägliche Angebot hinaus etwas bieten. Duftende Blumen und Kräuter säumen den Weg zum Hofladen. Im Herbst gibt es ein Kürbisfest und im Winter zeigt sich der Laden stimmungsvoll illuminiert. Wer sich hier übrigens aufmerksam umsieht, entdeckt einige sehenswerte Skulpturen, welche die kunstsinnige Mainzerin in ihrer Freizeit modelliert.

Schäfer's Hofladen

Budenheimer Straße 14
55124 Mainz-Gonsenheim

Telefon 0 61 31 / 38 59 04 / 4 39 82
Telefax 0 61 31 / 3 10 10

Öffnungszeiten:
Mo – Fr: 9.00 – 13.00, 16.00 – 19.00
Sa: 9.00 – 13.00

RESTAURANT – WEINHAUS MEIJER'S HÄUSJE

**Restaurant –
Weinhaus Meijer's Häusje**

Grabenstraße 55
55124 Mainz-Gonsenheim

Telefon 0 61 31 / 4 37 30
Telefax 0 61 31 / 9 71 93 26

Ruhetag: Montag

Die fliederfarbene Fassade des heimeligen Restaurants und Weinhauses Meijer's Häusje in Mainz-Gonsenheim strahlt schon von außen eine individuelle Gastlichkeit aus.

Und drinnen wird dem Auge erst richtig was geboten. Bert und Irmgard Meijer haben in dem verwinkelten, 150 Jahre alten Häuschen mit liebevoll zusammengestellten Accessoires und jahreszeitlich abgestimmten Dekorationen ein wahrlich kuscheliges Ambiente geschaffen. Der Hotelfachmann und Koch Bert Meijer erlernte sein Handwerk in der Spitzenhotellerie in Holland, Deutschland und der Schweiz. Nach beruflichen Engagements in der "Zwiebel" in der Innenstadt und im Weinhaus Eule hier in Gonsenheim übernahm das sympathische Ehepaar im Jahr 2002 das "Häusje". Auf zwei Ebenen, geprägt von einer bis zum Dach hin offenen Fachwerkarchitektur, bietet sich ein vielfältiges Platzangebot für romantische Dinner zu zweit oder gesellige Runden (ab

17 Uhr geöffnet, So auch ab 11.30 Uhr). Die Speisenauswahl zeigt sich modern, frisch und kreativ und beherrscht traditionelle rheinhessische Gerichte ebenso wie südlich-leichte Kompositionen. Ein monatlich wechselndes Menü greift den jahreszeitlichen Warenkorb einfallsreich auf. So eröffnet beispielsweise im Sommermenü das Forellenmousse mit Ciabatta den lukullischen Reigen, bevor das kalte Gurken-Joghurt-Süppchen zum gebratenen Tilapia-Filet mit Wildkräutersauce, Sommergemüse und Fadennudeln überleitet. Zum Dessert erfreut ein erfrischendes Granita di Café den Gaumen.

Wild, Geflügel, Obst und Gemüse, Salate und Kräuter kommen von regionalen Lieferanten, die das Qualitätsniveau der Meijers zu erfüllen wissen. Für seine fantasievollen Fischgerichte besorgt sich der gebürtige Niederländer nicht selten frischen Hering direkt in seiner Heimat, greift aber auch gern auf Exoten aus fernen Gewässern zurück.

Wein spielt nicht nur als Essens-Begleiter eine große Rolle, er gilt auch als wichtige Zutat bei der Speisenkomposition selbst. In der Hauptsache bestücken Positionen aus Rheinhessen, dem Rheingau und der Pfalz

die gut sortierte Weinkarte, doch auch internationale Gewächse stehen zur Auswahl und im monatlichen Wechsel werden auch mal ferne Weinanbaugebiete vorgestellt. Für Festivitäten steht ein hübscher Veranstaltungsraum im 1. Stock zur Verfügung, zu dem sich bald eine schöne Terrasse gesellen wird.

Bert und Irmgard Meijer vermögen es mit ihrer herzerfrischend offenen Art, dem Gast das warme Gefühl zu vermitteln, in ihrem Häusje ein Stück Zuhause zu erleben. So reift schon beim Abschied der Wunsch, recht bald wieder ins romantische Meijer's Häusje einzukehren.

MAINZ-GONSENHEIM

WOI-HINKELCHE (COQ AU VIN AUF RHEINHESSISCH)

Zutaten

1 Huhn, ca. 1,6 kg
12 Frühlingszwiebeln
125 g Champignons
2 EL Butter
200 ml Riesling, trocken
1 Bd. krause Petersilie
100 ml Crème double
1 Hand voll Weintrauben
Salz, Pfeffer

Zubereitung

Huhn kalt abbrausen, in sechs Teile zerlegen, salzen und pfeffern. Frühlingszwiebeln putzen, waschen, Grün abschneiden. Champignons trocken abreiben, große Pilze vierteln, kleine ganz lassen. Petersilie waschen, trocken schütteln und fein hacken. Butter in einem Topf zerlassen, Hähnchenteile mit Zwiebeln und Pilzen darin anbraten, mit dem Weißwein ablöschen und abgedeckt bei schwacher Hitze ca. 40 Min. schmoren lassen. Nun Crème double unterrühren, die Weintrauben zufügen und mit Salz und Pfeffer abschmecken. Petersilie darüber streuen und heiß servieren. Dazu passt frisches Baguette.
Tipp: Für das Woi-Hinkelche sollte ein glückliches (Bio-)Huhn aus der Region verwendet werden, das mit Liebe aufgezogen wurde. Ein Huhn aus "gutem Stall" von bester Qualität schmeckt einfach wunderbar!

RESTAURANT STEIN'S TRAUBE

Restaurant Stein's Traube

Poststraße 4
55126 Mainz-Finthen

Telefon 0 61 31 / 4 02 49
Telefax 0 61 31 / 21 96 52

Ruhetage: Montag, Dienstagmittag

Man sieht es dem schmucken, gelb geklinkerten Haus nicht an, doch Stein's Traube gilt schon seit beinahe 100 Jahren als feste gastronomische Institution im Mainzer Stadtteil Finthen. Bereits 1906 kehrte man hier zum Genießen ein – und das ist auch heute, unter der Ägide von Peter und Annette Stein, noch höchstes Gebot. Sie bieten ihren Gästen eine anspruchsvolle frische Küche, die sich von französischen Einflüssen geprägt zeigt, aber den Bezug zu den Produkten der Region ebenfalls nie aus den Augen verliert. Der eindrucksvollen Stationen auf dem Berufsweg von Peter Stein, darunter das Tantris in München, die Krone in Assmannshausen und die Ente in Wiesbaden, bereiteten den kulinarischen Boden für die erfolgreiche Etablierung des Hauses als eine der empfehlenswertesten Adressen in Mainz.

Warme Farben, eine klare, zeitgemäße Architektur und bewusst platzierte Accessoires bestimmen das Ambiente. Während Restaurantfachfrau Annette Stein sich professionell und stets präsent um ihre Gäste kümmert, zaubert Ehemann Peter in der Küche seine genussvollen, jahreszeitlich abgestimmten Kreationen. Dabei vermag er die Brücke von regionalen Spezialitäten und bodenständigen Gerichten bis hin zur gehobenen Variation souverän zu schlagen. Das Tagesgericht am Mittag zeigt sich herzhaft-rustikal, dazu wird ein Dessert oder Kaffee gereicht. Abends haben die Gäste dann die Wahl zwischen dem 4- bis 6-gängigen Menü und einer erlesenen und abwechslungsreichen À-la-Carte-Auswahl. Da vereint sich der Finther Stangenspargel auch schon mal mit Black Tiger Garnelen in Mandelsahne, die italienischen Gnocchi mit Schwarzwälder Schinkenwürfeln und die gebratene Kaninchenleber mit würzigem Bärlauchrisotto. Und die Pfirsichcharlotte hüllt sich in einen Baumkuchenmantel und kommt mit Kokosnusssauce und Orangeneistorte daher.

Zu all diesen Köstlichkeiten kredenzt Annette Stein erlesene Weine von renommierten Weingütern der Region und aus aller Welt. Die roten Kreszenzen liegen Hausherr Peter Stein besonders am Herzen, sie lagern unter optimalen Temperaturen

MOUSSE VON FINTHER SPARGEL MIT BRUNNENKRESSESAUCE

Zutaten

500 g Spargel
5 Bl. Gelatine
500 g Schlagsahne
je 30 g Butter u. Mehl
Salz, Pfeffer, Zucker, Zitronensaft
4 gek. Wachteleier
4 Cherry-Tomaten
12 grüne Spargelspitzen
1/2 Kopf Lollo Rosso
Kerbel
1 El Sherryessig
2 El Walnussöl

Sauce

Je 100 g Schmand u. Crème fraîche
1 Bd. Brunnenkresse

im romantischen Weinkeller, der auch für kleine Gesellschaften und Weinproben genutzt wird. Für größere Feierlichkeiten steht die »Schoppenwirtschaft«, eine licht-durchflutete umgebaute Scheune, zur Verfügung.
Das ganze Jahr über laden die Steins außerdem zu kulinarischen Themenschwerpunkten ein, die Fluss- und Meerestiere, Wild oder Gänse in den Mittelpunkt rücken. Zu den Highlights zählen das 6-gängige Herbstmenü mit korrespondierenden Weinen, Weindegustationen mit einem erlesenen Menü und das Halloween-menü mit schaurig-schönen Schmankerln.

Zubereitung

Spargel schälen, klein schneiden. 0,5 l Wasser mit Salz, Zucker u. Zitronen-saft zum Kochen bringen, Spargel darin zugedeckt verkochen lassen. Weiche Butter mit Mehl mischen und langsam unter den Spargelsud rühren. 150 g Sahne zufügen und einkochen lassen, bis eine dickflüssige Masse entsteht. Die eingeweichte, ausge-drückte Gelatine zufügen und auf Eiswasser kalt rühren. Restl. Sahne aufschlagen, unter die Spargelmasse heben, in eine Form fühlen und 3 Std. kalt stellen. Schmand u. Crème fraîche mit der Brunnenkresse pürieren, mit Salz, Pfeffer, Zitronensaft abschme-cken. Mousse stürzen und mit einem warmen dünnen Messer in Scheiben schneiden. Spargelspitzen blanchieren, in Eiswasser abschrecken. Lollo Rosso mit Essig, Öl, Salz, Pfeffer, Zucker u. Kerbel marinieren. Gemeinsam deko-rativ anrichten.

BREZELBÄCKEREI DITSCH GMBH

Brezelbäckerei Ditsch GmbH

Robert-Bosch-Straße 44
55129 Mainz-Hechtsheim

Telefon 0 61 31 / 99 57 - 0
Telefax 0 67 03 / 99 57 - 30

Die Brezel, dieses fein geschwungene Rund aus Laugenteig, gehört zur Landeshauptstadt wie das Mainzer Rad und der Rhein. Und der Name Ditsch wiederum ist so fest mit der Brezel verschlungen wie die beiden sich verjüngenden Teigenden, die sich im Herzen der Brezel miteinander vereinen – und das seit 85 Jahren!

Im Jahr 1919 eröffnete Bäckermeister Wilhelm Ditsch gemeinsam mit Ehefrau Christine mitten in der Mainzer Altstadt eine Feinbäckerei. Die Brezel spielte damals natürlich schon eine gewichtige Rolle im Alltag der Mainzer. Wilhelm Ditsch aber nahm sich vor, fortan die besten Brezeln in ganz Mainz zu backen. Wie er sein Vorhaben in die Tat umsetzte, bleibt bis heute Betriebsgeheimnis. Auch Sohn Heinz tat das seine zum weiteren Erfolg des Unternehmens, indem er Rezeptur und Backart weiterentwickelte und sich in den 70er-Jahren ganz auf Laugengebäck spezialisierte. Und er entsandte weiß gekleidete Brezelmänner, die in der Innenstadt, vor allem in den Gasthäusern und Weinstuben, die Brezeln feilboten. Ein Konzept, das die Ditsch-Brezel fest im Mainzer Alltag verankerte. Peter Ditsch, seines Zeichens Kaufmann statt Bäckermeister, führt nun in 3. Generation als Hauptgeschäftsführer das inzwischen zur GmbH umstrukturierte Familienunternehmen.

Schinken-Taschen und Tomaten-Mozzarella-Stangen, diverse Pizzasorten oder der Rahmkuchen Elsässer Art. Produkt-Neuheiten erweitern die Angebotspalette ständig, um die vielen Ditsch-Anhänger stets mit neuen Geschmacksvarianten zu begeistern.

Qualität steht für Peter Ditsch, der die Tradition seiner Vorväter bewahrt, zugleich aber mit Innovationsgeist und einem sicheren Gespür für die Bedürfnisse seiner Kunden agiert, stets im Mittelpunkt. Belohnt wurde sein unermüdliches Engagement mit der DIN-EN-ISO-9001-Zertifizierung, einer Auszeichnung für hervorragendes Qualitätsmanagement, zahlreichen DLG-Preisen und CMA-Gütezeichen – und zuletzt sogar mit dem Unternehmerpreis 2004.

Für die Zukunft sind weitere Filialen in Deutschland und dem europäischen Ausland geplant. Damit ist der Siegeszug der Ditsch-Brezel, der in einer kleinen Bäckerei in der Mainzer Altstadt begann, noch lange nicht beendet. Was mit der Idee der "besten Brezel in Mainz" begann, hat sich zum "Marketing by Duft" entwickelt. Und an den langen Warteschlangen vor den Ständen des Hauses Ditsch kann ein jeder erkennen, dass diese Genuss-Strategie noch immer Erfolg hat.

Weitsichtig stellte er sich auf eine zunehmend auf schnelle Snacks hin orientierte Klientel ein und etablierte in sämtlichen Verkaufsstellen eine moderne Backtechnologie, mit der er zahlreiche Konkurrenten aus dem Feld schlug.

Die tiefgefrosteten Teiglinge werden direkt vom Stammhaus in Mainz-Hechtsheim bzw. der Niederlassung in Oranienbaum (Sachsen-Anhalt) in die über 180 Filialen in ganz Deutschland ausgeliefert und dann vor Ort verfeinert und ganz frisch vor den Augen der Kunden gebacken. Diese Innovation sorgt für stets gleich hohe Qualität

aller Produkte aus dem Hause Ditsch, ob man seine Brezel nun direkt in Mainz, in Flensburg oder Konstanz genießt. So hat sich die Marke Ditsch das Vertrauen ihrer Kunden verdient und bewahrt dies – getreu dem Slogan: Immer knusprig, immer frisch, immer Ditsch! – auch fortan. Zur Brezel sind inzwischen eine Reihe weiterer Köstlichkeiten hinzugekommen. Dies beginnt bei Laugenbrötchen, -croissants und -stangen und reicht bis hin zu Käse-, Schinken-Käse- und Zwiebel-Käse-Stangen. Köstliche Alternativen bieten auch Schinken-Käse-Croissants, Frischkäse-

GUTSSCHÄNKE BACHHOF

Wein und Speisen gehen im Bachhof eine harmonisch, behutsam aufeinander abgestimmte Verbindung ein. Stephan Stauder zeichnet als Winzer für seine Weine selbst verantwortlich. Seit die eigenen Rebflächen verpachtet wurden, kauft er den Wein an und veredelt die jungen Kreszenzen im eigenen Keller zu sortenreinen, charakterstarken Weiß- und Rotweinen, die das breite Sortenspektrum Rheinhessens wiedergeben. Riesling, Silvaner und Kerner, daneben Weiß- und Spätburgunder, Dornfelder, Portugieser und Chardonnay kann man im Weingut Bachhof erwerben und natürlich jederzeit in der Gutsschänke genießen.

Dazu serviert Ehefrau Karoline Stauder eine regionale, bodenständige Speisenauswahl, die von kleinen Köstlichkeiten bis zu einfallsreich komponierten Gerichten allerlei Leckeres bereithält. Spundekäs mit Bauernbrot, Bachhofs Schinkenschnecken mit Knoblauch-Joghurt-Dip und Weinbergschnecken in Kräuterbutter sind ebenso zu entdecken wie Kräuterhacksteak mit Whiskysauce, pikanter Kellermeistertoast mit Kasseler, Preiselbeeren, Pfirsich und Käse überbacken oder Lammkoteletts mit Speckbohnen und Rösti.

Wer im Bachhof feiern möchte (nach Vereinbarung täglich möglich), dem bieten die sympathischen Gastgeber vom mittäglichen Brunch und kulinarischen Weinproben über rustikale Buffets oder zünftige Grillfeste bis zum anspruchsvollen Menü alles, was das Genießerherz begehrt.

Und einmal im Jahr wird der Bachhof zur Open-Air-Theaterbühne. Dann werden alle Sinne gleichermaßen angesprochen, wenn Shakespeares oder Schillers große Werke sich zu rheinhessischen Köstlichkeiten aus Küche und Keller gesellen und gemeinsam eine genussvolle Vorstellung darbieten.

Gutsschänke Bachhof

Bachstraße 5
55129 Mainz-Hechtsheim

Telefon 0 61 31 / 50 73 36
Telefax 0 61 31 / 58 25 04

Öffnungszeiten:
Donnerstag – Samstag
(an anderen Tagen auf Anfrage)

Ein mächtiges Holztor bildet den Eingang zu weinseliger Gemütlichkeit. Im Herzen des Mainzer Stadtteils Hechtsheim, der schon im 12. Jahrhundert als Schauplatz eines Weinmarktes diente, liegt die nach fränkischem Vorbild erbaute Hofreite der Familie Stauder, die 1865 als landwirtschaftliches Anwesen Hof mit Stallungen, Scheune und Wohnhaus erbaut wurde.

Bei schönem Wetter nimmt man gern im von Fachwerk gesäumten idyllischen Innenhof Platz, wo Oleander, Feigen und Trompetenblumen, Blauregen und wilder Wein farbenfroh und duftend südliche Lebensart vermitteln.

Wenn die Nächte kürzer werden und die Temperaturen sinken, fühlt man sich in der gemütlichen Gutsschänke am prasselnden Kaminfeuer ebenso wohl. Der urige Gastraum und das sehenswerte Kreuzgewölbe bieten genügend Platz für die zahlreichen Stammgäste und sind ein idealer Rahmen für private Feierlichkeiten oder Betriebsfeste.

MAINZ-HECHTSHEIM

SCHNITZELTOPF MIT
KÄSESAHNESAUCE

Zutaten

4 Schweineschnitzel aus der Schulter
1 l Sahne
400 g Schwäbische Bauernspätzle
200 g mittelalter Gouda, gerieben
2 EL Mehl
1 EL edelsüßes Paprikapulver
1 TL Salz
1 Prise Pfeffer

Zubereitung

Die Schnitzel klopfen und scharf
anbraten, in eine feuerfeste
Auflaufform geben und mit den zuvor
gekochten Spätzle überdecken. Sahne,
Mehl, Paprikapulver, Salz und Pfeffer
zu einer Soße verrühren und diese
dann über die Schnitzel und Spätzle
gießen.
Nun alles mit dem Gouda bedecken
und bei 180 °C etwa 20 Min. goldgelb
überbacken.

Nibelungen" – die Landschaft und seine Menschen authentisch erlebbar. Das Gepäck wird transportiert und für das leibliche Wohl ist natürlich auch in vielfältiger Weise gesorgt.

Lebensfreude und Lebensart sind keine Fremdworte in Rheinhessen. Altes Kulturland neben moderner Gastlichkeit: In Rheinhessen freut man sich über Gäste, die Freude am Genießen haben. Von Winzerhof zu Winzerhof ist es oft nur ein Katzensprung. Die Werkstatt der Erzeuger lädt als kaum entdecktes Urlaubsparadies ein – nehmen Sie die Einladung an und lassen Sie sich verwöhnen!

Weingut u. Gästehaus Breth
Bachgasse 15
67577 Alsheim

Winzerhotel Himmelacker im Weingut Storr
Westhofer Straße 1
55232 Alzey-Dautenheim

Weingut & Gästehaus Merowinger Hof
Ernst-Ludwig-Straße 28
55576 Badenheim

Weingut & Gästehaus Dreißigacker
(s. S. 72)
Untere Klinggasse 4
67595 Bechtheim

Weingut & Gästehaus Schuhmacher-Weinreich
Hintergasse 33 · 67595 Bechtheim

Weingut & Ferienwohnung
Ingrid Scholl-Metzler u. Hans-Walter Metzler
Albiger Straße 13 · 55234 Bermersheim

Gästehaus & Weingut Peth
Alzeyer Straße 28
67592 Flörsheim-Dalsheim

**Interessengemeinschaft
Urlaub beim
Rheinhessenwinzer**
Informationen und Buchung über:
Rheinhessen-Information GmbH

Wilhelm-Leuschner-Straße 44
55218 Ingelheim

Telefon 0 61 32 / 4 41 70
Telefax 0 61 32 / 44 17 44

Urlaub beim Rheinhessenwinzer – wo guter Wein zu Hause ist! Unter diesem Motto bieten 50 qualitätsgeprüfte Winzerbetriebe in stilvollen Winzerhöfen geschmackvolle und komfortable Gästezimmer und Ferienwohnungen mit viel Atmosphäre für erlebnisreiche Weinferien in Rheinhessen an.

Neben den klassischen Weinproben kann man alles über den Wein erfahren, der hier gedeiht, die reizvolle Landschaft entdecken, die ihn hervorbringt, Kunst und Kultur dieser seit Jahrtausenden besiedelten Region erleben – und natürlich kommt auch der kulinarische Aspekt nicht zu kurz. Einige der Betriebe bewirtschaften Straußwirtschaften und Gutsschänken oder inszenieren anspruchsvolle Weinevents. Getreu dem Motto "Rheinhessen entdecken – auf neuen Wegen genießen" machen fünf-tägige Radpauschalen – "Weinhügel, Rhein & Co." und "Auf den Spuren der

Weingut & Gästehaus Bernhard-Räder
Langgasse 41 · 55234 Flomborn

Landhotel, Weinrestaurant & Weingut
Espenhof (s. S. 140)
Hauptstraße 79-81
55237 Flonheim-Uffhofen

Weingut Trautwein
Hohlstraße 8
55237 Flonheim-Uffhofen

Weingut & Gästehaus Lorenz
Gaustraße 28 · 55278 Friesenheim

Kronenhof Wein & Ferien – Straußwirtschaft
Langgasse 8 + 14
55435 Gau-Algesheim

Weinhotel Wolf im Weingut Wolf
Gaustraße 16 + 22
55296 Harxheim

Gästehaus Rabennest
im Winzerhof Koehler
Hintergasse 2
55232 Heimersheim

Landhotel-Weingut Ellernhof
Ellerngasse 5
55237 Lonsheim

Winzerhotel, Gasthaus & Weingut Zum
Saalbau (s. S. 84)
Langgasse 30
67591 Mörstadt

Weingut & Gästehaus Julianenhof
Uttrichstraße 9 + 11
55283 Nierstein

Sternenfelser Hof (s. S. 52)
Weingut, Gästehaus & Winzercafé Kopp
Oberdorfstraße 16
55283 Nierstein

Weingut & Gästehaus Thomas Schwibinger
Hinter Saal 1
55283 Nierstein

Gästehaus Thörle „Altes Kelterhaus"
Winzerhof Rudolf Thörle
Ostergasse 40
55291 Saulheim

Gästehaus Wagner im Weingut Wagner-
Stempel
Wöllsteiner Straße 10
55599 Siefersheim

Weingut, Gutsschänke & Gästezimmer
Zimmermann
Backhausgasse 3
55599 Siefersheim

Weingut & Gästehaus Steitz
Mörsfelder Straße 3
55599 Stein-Bockenheim

Ferienwohnung „Zum Kelterhaus"
Wassergasse 21
55437 Ober-Hilbersheim

Gästehaus Rebstock
im Weingut Schrauth-Becker
Ludwigstraße 17
55288 Udenheim

Weingut & Gästehaus Janson
Hauptstraße 7
55578 Vendersheim

Gästehaus Hagemann
im Weingut Charlottenhof
Dalheimer Straße 23
55278 Weinolsheim

Weingut & Gästehaus Petry-Frieß
Uelversheimer Straße 3
55278 Weinolsheim

Weingut & Gästehaus Saulheimer
Leimengasse 10
55576 Zotzenheim

Die Rheinterrasse reiht gemütliche Weinorte und wichtige Kulturdenkmäler auf wie kostbare Perlen an einer Schnur. Idyllische Spazierwege führen z. B. durch das Naturschutzgebiet Insel Kühkopf bei Guntersblum oder entlang des Rheinterrassen-Höhenwegs.

Bodenheim, das 2004 seinen 1250-jährigen Geburtstag feiert, ist das Tor zur Rheinterrasse und gilt mit seiner einzigartigen Fülle an Straußwirtschaften und Gutsschänken als erklärtes Mekka für Weinpilger aus nah und fern. Wichtig bei der Orientierung: Wo's Sträußche (ein Kranz über der Tür) hängt, wird ausgeschenkt.
Kultur bieten die kath. Pfarrkirche St. Alban mit dem Gnadenbild einer spätgotischen Muttergottes im Hochaltar, die Wallfahrtskapelle Maria Oberndorf, das barocke Fachwerk-Rathaus mit schöner Giebelfront und Erker sowie der einstige Oberhof des Klosters Alban.

Nierstein ist mit den exklusiven Lagen des Roten Hangs, einem leuchtend roten 250 Mio. Jahre alten und 150 m hohen Tonschieferberg, der spektakulär zum Rhein hin abfällt, ein wichtiges Weinbauzentrum in Rheinhessen und bringt Rieslinge von Weltruf hervor.
Sehenswert sind die ev. Martinskirche mit romanischem Chorturm und barockem Langhaus, umgeben von einer Wehrmauer, die Bergkirche mit Zwiebelhaube auf dem romanischen Chorturm, das alte Rathaus mit dem interessanten Paläontologischen Museum und das Schifffahrtsmuseum.

Nackenheim ist der Geburtsort von Carl Zuckmayer, der sich mit Werken wie "Der fröhliche Weinberg", "Der Hauptmann von Köpenick" und "Des Teufels General" einen festen Platz in der Literaturgeschichte sicherte. Seine Büste schmückt das hübsche Fachwerk-Rathaus. Die kath. Pfarrkirche St. Gereon zeigt sich als barocker Saalbau mit Volutengiebel am Querhaus. Im Inneren ein Hochaltar von 1697 aus dem Mainzer Dom.

Oppenheim steht mit seiner prächtigen Katharinenkirche und der berühmten "Rose von Oppenheim" sowie der hoch gelegenen Ruine Landskron im Zentrum des Kulturangebots an der Rheinterrasse.
Die ev. Katharinenkirche gilt als einer der bedeutendsten gotischen Kirchenbauten am Rhein. Sie entstand zwischen dem 13. und 15. Jh. und vereint romanische bis spätgotische Stilelemente. Das aus rotem Sandstein errichtete Bauwerk beeindruckt durch den mächtigen achtseitigen Vierungsturm mit Spitzhelm und zwei weiteren romanischen Türmen mit spitzen Dachhauben (in der ehem. Sakristei Museum zur Geschichte der Katharinenkirche). Im Inneren bestechen vor allem die kostbaren Fenster, die z. T. noch original erhalten sind. Die beiden bekanntesten sind das Lilienfenster (links neben dem Eingang) und die berühmte "Oppenheimer Rose", die einer Heckenrose nachempfunden wurde.
Des Weiteren sind Fenster zu sehen, die biblische Motive, Heilige bzw. wichtige Persönlichkeiten und Wappen der Oppenheimer Geschlechter zeigen. Die Ausstattung wird von interessanten Grabmalen, einer freitragenden Treppe aus dem 13. Jh., der Orgel von 1871 und dem Verkündigungsportal bestimmt. In der Michaelskapelle finden sich die Gebeine von 20 000 Bürgern der Stadt, die zwischen 1400 und 1750 ihr Leben ließen.
Burg Landskron war einst in die Wehrmauer integriert, die noch in Resten wie dem Gautor, ein quadratischer Torturm mit Wehrgang, erhalten ist. Die Ruine der ehemaligen Reichsburg mit Bergfried und Pallas bietet einen wunderbaren Blick über Stadt und Rheinebene.
Beim Bummel durch die Altstadt lohnt der Blick auf die schön verzierten Renaissanceportale des Frankensteiner Hofes, das barocke Deutschherrenhaus mit Mittelrisalit und den Erbach'schen Klosterhof von 1735 (Kapelle mit spätgotischer Giebelwand). Zeit sollte man sich auch für das renommierte Deutsche Weinbaumuseum nehmen, das beeindruckende Exponate zur Geschichte des Weinbaus vorzeigen kann. Eine ganz besondere Attraktion ist die seit kurzem zugängliche geheimnisvolle Unterwelt Oppenheims. Bei Führungen begibt man sich in das unterirdische Labyrinth des weit verzweigten, teilweise sogar mehrgeschossigen Gangsystems und taucht hier und dort zu genussvollen Abstechern wieder auf (Weinprobe, Imbiss).

In Guntersblum, bekannt für sein „Kellerwegfest", sind die beiden Schlösser der Grafen von Leiningen zu entdecken, das Alte Schloss (1704, heute Rathaus) und das barocke Neue Schloss (1787, heute Weingut). Die ev. Pfarrkirche mit romanischem Langhaus und barocker Stuckdecke macht mit zwei sarazenischen Türmen auf sich aufmerksam. Viele romantische Winzerhöfe laden im Sommer zu geselligen Hoffesten ein.
Deutschlands einzige oktogonale Kirche steht in Uelversheim! Die Achteckform setzt die herkömmliche Raumaufteilung völlig außer Kraft und ermöglicht dem Betrachter ganz neue Perspektiven. An der Decke wacht das "Auge Gottes", daneben sind die Evangelisten, die Apostel Petrus und Paulus, der Prophet Jesaja und König David zu sehen.

RESTAURANT, WEINGUT & GÄSTEHAUS HELGA MAY

Besonders stolz ist Helga May auf die Gold- bzw. Silbermedaille im Internationalen Spätburgunder- und Riesling-Wettbewerb, die beweisen, dass sich ihre Kreszenzen nicht nur in Rheinhessen, sondern auch im internationalen Vergleich behaupten können. Außerdem kann sie sich mit Recht als Erfinderin der Flaschenvermarktung von Federweißem betrachten, denn um den spritzigen Jungwein auch außerhalb des Weingutes verkaufen zu können, verwandelte sie die perforierte Schmuckkapsel in einen Verschluss.

Als Winzertochter weiß sie um die Arbeit im Weinberg und Keller, doch in der Gastronomie war sie eine Autodidaktin, die viel Engagement und Leidenschaft für eine hochwertige, anspruchsvolle Küche einbrachte. So entwickelte sich die Straußwirtschaft zum Restaurant, in dem es noch immer kleine, weinige Speisen gibt – und so verbinden sich heute beide Konzepte zu einer genussvollen Vielfalt an kreativen Gerichten. Der jahreszeitliche Warenkorb schreibt die Saisonkarte, mal stehen Lamm und Fisch, mal Spargel und Pfifferlinge, im Herbst dann Gans und Wild auf der Karte. Spezialität des Hauses sind die gefüllten Rösti.

Restaurant,
Weingut & Gästehaus
Helga May

Kapellenstraße 42
55294 Bodenheim

Telefon 0 61 35 / 93 31 80
Telefax 0 61 35 / 84 23

Ruhetag Restaurant: Sonntag
(Restaurant im Februar geschlossen)

Rheinhessische Gastlichkeit, eine regionale, einfallsreiche Küche und dazu passende Weine aus dem eigenen Weingut – so präsentiert sich das idyllisch von altem Baumbestand umgebene Restaurant von Helga May.

Die visionäre Winzerin gilt als "Pionierin der Gutsschänken-Kultur in Rheinhessen", denn vor 30 Jahren eröffnete sie die erste ganzjährig geöffnete Straußwirtschaft in der Region und begründete damit eine Tradition, für die Rheinhessen heute so bekannt ist.

Da sie Weingut, Restaurant und das später hinzu gekommene Gästehaus allein führt, wird sie von einem Mitarbeiter unterstützt, der für die mehrfach ausgezeichneten Weine des Hauses mit verantwortlich zeichnet.

BODENHEIM

KOTELETT MIT SPARGELGEMÜSE UND BRATKARTOFFELN

Zutaten

1,5 kg kleine Kartoffeln
Butter
4 Stielkoteletts
3 Eier
200 g Semmelbrösel
125 g Butterschmalz
Salz, Pfeffer, Muskat
1,5 kg Spargel
Zucker
je 40 g Butter + Mehl
1 TL Weißweinessig
200 ml Sahne

Zubereitung

Kartoffeln kochen, schälen, salzen und in einer Pfanne mit zerlassener Butter goldgelb rösten. Koteletts mit Salz, Pfeffer und Muskat würzen, 1 Ei verquirlen, die Koteletts zunächst in Ei, dann in Semmelbrösel wenden und in heißem Butterschmalz ausbacken. Spargel schälen, in 6 cm lange Stücke schneiden und in 2 l kochendem Wasser mit 2 TL Salz und 1 Prise Zucker ca. 10 Min. kochen. Vom Feuer nehmen und weitere 10 Min. ziehen lassen, dann herausnehmen und abtropfen lassen.
Butter zerlassen, Mehl zügig einrühren und langsam 500 ml Spargelwasser zugeben. Unter Rühren zum Kochen bringen, mit Salz, Pfeffer und Weinessig abschmecken. 2 Eigelb mit Sahne vermischen, in die Sauce einrühren. Sauce nun über den Spargel geben und mit den Koteletts sowie den gerösteten Kartoffeln servieren.

Besonderen Wert legt Helga May auf einfache, klar komponierte Speisen, denn im Mittelpunkt steht allein die bestmögliche Qualität aller verwendeten Zutaten. Bekannt ist Helga May auch für exklusive Fest-Menüs und -Buffets, bei denen von der Blumendekoration bis zur Kunst auf dem Teller alles perfekt abgestimmt wird. Gemütliche Plätze bieten sich in der rustikalen Gaststube, dem lichtdurchfluteten Wintergarten oder im idyllischen Garten unter alten, ausladenden Bäumen.

Wenn Helga May nicht in der Küche steht, ist sie mit ihren Kreszenzen unterwegs zu Kunden in ganz Deutschland. So haben auch all jene, denen sich nicht die Möglichkeit zu einem Besuch in Bodenheim bietet, die Chance, ebenfalls ein Gläschen rheinhessischen Weins aus dem Hause May zu genießen.

ZUM ALTEN ZOLLHAUS

res, frische Blumen, eine jahreszeitliche Dekoration und das hell glänzende Holzmobiliar harmonieren vorzüglich mit dem historischen Flair des Hauses.

Als stimmiger Kontrast dazu präsentiert das junge, erfrischende Serviceteam um Chefin Ilse Hees eine regionale, zeitgemäße Küche mit mediterranem Einfluss. Harmonisch aufeinander abgestimmt beweisen Petersilienwurzelsuppe mit Garnelen im Knusperteig oder Lammkarree auf Estragonsauce mit Ratatouille und gratinierten Kartoffeln, wie sich Rheinhessens Gaben der Welt öffnen können.

Einfallsreiche Variationen traditioneller Klassiker – wie Sauerbraten von der Entenbrust mit Spätzle und Apfelkompott oder Eisbeinsülze mit Kräutersauce und Bratkartoffeln – machen den besonderen Charme der Speisenauswahl aus, die durch saisonal ausgerichtete Wochenkarten ergänzt wird. Die umfangreiche Weinkarte offeriert in der Hauptsache renommierte Rheinhessen, etwa 20 davon offen, ergänzt von einigen Rheingauer und Nahe-Weinen.

Neben Restaurant und Weinstube verfügt das Zollhaus sogar über einen kleinen Gewölbekeller. Das elegante Kutschenzimmer mit seiner prachtvollen Kutsche und sehenswerten Antiquitäten verleiht vor allem Feierlichkeiten einen adäquaten Rahmen.

Der Garten ist ein wahres Kleinod mediterraner Pflanzenpracht, in die sich auch die vielen Kräuter, die natürlich in der Zollhaus-Küche Verwendung finden, harmonisch einfügen. Hier fühlt sich der Gast, inmitten von unzähligen Farben und betörenden Düften, sofort in südlichere Gefilde versetzt.

Ob man nur für ein Glas Wein oder zum festlichen Menü Platz nimmt, spielt für Hotelfachfrau und Restaurantmeisterin Ilse Hees keine Rolle. Das Wohlfühlen steht bei all ihren Bemühungen im Vordergrund. Auch wenn man hier heute keine Pferde mehr wechselt, so ist das Alte Zollhaus noch immer ein Ort der Erholung und des Genusses.

**Restaurant
Zum Alten Zollhaus**

Wormser Straße 7
55299 Nackenheim

Telefon 0 61 35 / 87 26
Telefax 0 61 35 / 87 38

Ruhetage: Sonntag, Montag

Einst verlief in Nackenheim die Grenze zwischen Kurmainz und der Kurpfalz, da brauchte es natürlich auch ein Zollhaus, in dem die Waren registriert und die Kutschpferde gewechselt wurden. Auch die Blicke des modernen Reisenden vermag das überaus pittoreske Alte Zollhaus mit seiner prachtvollen gelb-braunen Fachwerkfassade auf sich zu ziehen.

Als Ilse Hees 1996 das historische Gebäude übernahm, erwies sich dies als wahrer Glücksfall für das um 1750 erbaute Rittergehöft. Denn mit stilsicherer Hand verwandelte sie ihr neues Domizil in ein wahrlich sehenswertes Kleinod rheinhessischer Gastlichkeit.

Das offen gelegte Fachwerk trennt lauschige Nischen für romantische Stunden zu zweit von heimeligen Ecken für gesellige Runden. Liebevoll drapierte Accessoi-

Feld- und Rucolasalat mit Kürbiskernöl, mariniertem Tafelspitz-Carpaccio und Flusskrebsen

Zutaten:

500 g Tafelspitz
Wurzelgemüse (Karotten, Sellerie, Zwiebel, Lauch)
2 Lorbeerblätter
4 Pfefferkörner, schwarz
1 Stange Liebstöckel
24 Flusskrebse
Salz, Pfeffer, weiß
Balsamico, weiß
Öl
Dill
2 Knoblauchzehen
40 ml Kürbiskernöl
je 160 g Feld- u. Rucolasalat

Zubereitung:

Tafelspitz mit Wurzelgemüse und Gewürzen in einen Topf mit kaltem Wasser geben und ca. 1,5 Std. köcheln lassen. Dann Fleisch herausnehmen, abkühlen lassen. Flusskrebse in kochendes Wasser geben, 5-6 Min. kochen, herausnehmen und in Eiswasser abschrecken. Nun Schwanzfleisch herausschälen und in Salz, Pfeffer, Knoblauch, Dill, weißem Balsamico und Öl marinieren. Tafelspitz in dünne Scheiben schneiden, in Salz, Pfeffer, Balsamico u. Öl marinieren, dann mit den Flusskrebsen auf einem Teller im Halbkreis anrichten, Kürbiskernöl darüber geben, die Salate ansetzen und mit einem Dressing aus Balsamico, Öl, Zucker, Salz und weißem Pfeffer beträufeln. Nun mit gerösteten Sonnenblumenkernen, Zitronenscheiben, Kirschtomaten, Kresse, Sprossen und Champignons ausgarnieren.

WEIN VOM ROTEN HANG E. V.

ständigem Charakter hervor. Sie zeigen sich, beeinflusst von den mineralischen Böden der nach Süd und Südost geneigten, sonnenverwöhnten Hänge, die die Wärme des Tages lange speichern, äußerst filigran, fruchtintensiv und mit dezent-feingliedriger Fülle.

Die Weinkellerei Reh-Kendermann bringt unter dem Namen Selection Roter Hang jährlich einen Riesling trocken aus diesen Lagen auf den Markt, der quasi als deren Visitenkarte alle strengen Qualitätsmaßstäbe von der Weinbergspflege bis zum Weinausbau erfüllt.

Der Verein veranstaltet Weinproben, Seminare, Weinbergswanderungen und kulinarische Weinabende. Alljährliches Highlight ist die Weinpräsentation im Roten Hang. Hier stellen die Winzer, begleitet von Musik und Kulinarischem, ausgewählte Kreszenzen des aktuellen Jahrgangs vor, gemäß dem Motto: Wein genießen, wo er gedeiht. An Lätare (4. Sonntag der Passionszeit) öffnen die Winzer ihre Höfe und Keller zur Fassweinprobe. Eine gute Gelegenheit für Weinkenner und alle, die es werden wollen, die Geburtsstunde von manch großem Wein mitzuerleben...

Wein vom Roten Hang e. V.
Informationen unter:
Dr. Ute Michalsky
1. Vorsitzende

Wörrstädter Straße 24
55283 Nierstein

Telefon 0 61 33 / 92 55 77
Telefax 0 61 33 / 92 55 79

Der Rote Hang in Nierstein, benannt nach seinem roten Tonschieferboden, ist etwas ganz Besonderes. Darum haben sich die 28 Winzer, die Weinlagen auf dem Millionen Jahre alten und 150 m hohen "Niersteiner Horst" bewirtschaften, zusammengeschlossen, um ihre herausragenden Weine national wie international gemeinsam zu präsentieren und strenge Qualitätskriterien festzulegen gemäß der Philosophie: Es ist ein Privileg, guten Boden zu besitzen ... und deshalb eine Verpflichtung, aus den Erträgen guten Wein zu machen.

Auf 160 ha gedeihen auf den Spitzenlagen Oelberg, Orbel, Hipping, Pettenthal und Brudersberg sowie auf den Lagen Heiligenbaum und Glöck, die älteste verbriefte dt. Weinbergslage, Kranzberg und Schloss Schwabsburg (die Niersteiner Großlagen Rehbach u. Auflangen) vor allem Rieslinge von Weltniveau, daneben Silvaner, Weiß- und Grauburgunder sowie Gewürztraminer. Jede Lage bringt aufgrund ihres einzigartigen Terroirs Gewächse von eigen-

Weingut Ilse Dittewig-Bogen
Hauptstraße 115 · 55283 Nierstein

Weingut Geschwister Schuch
Oberdorfstraße 22 · 55283 Nierstein

Weingut Margarethenhof
Mainzer Straße 86 · 55283 Nierstein

Weingut Freiherr Heyl zu Herrnsheim
Langgasse 3 · 55283 Nierstein

Weingut Heise am Kranzberg*
Karolingerstraße 15 · 55283 Nierstein

Weingut Fritz Reichert I.*
Rheinstraße 30 · 55283 Nierstein

Weingut St. Antony (s. S. 46)
Wörrstädter Straße 22 · 55283 Nierstein

Weingut Georg Gustav Huff
Woogstraße 1 · 55283 Nierstein

Weingut Schaetzel
Oberdorfstraße 34 · 55283 Nierstein

Weingut Gehring*
Außerhalb 17 · 55283 Nierstein

Weingut A. Klein*
Saalpförtchen 2 · 55283 Nierstein

Weingut Franz Karl Schmitt
Mainzer Straße 48 · 55283 Nierstein

Wein- und Sektkellerei Jakob Gerhardt
Oberdorfstraße 27-29 · 55283 Nierstein

Weingut Sternenfelserhof* (s. S. 52)
Oberdorfstraße 16 · 55283 Nierstein

Weingut Friedrichshof
Bildstockstraße 8 · 55283 Nierstein

Weingut Julianenhof
Uttrichstraße 9 · 55283 Nierstein

Weingut Georg Albrecht Schneider
Wilhelmstraße 6 · 55283 Nierstein

Weingut Erwin Schwibinger
Karolingerstraße 8 · 55283 Nierstein

Weingut Heinrich Seebrich
Schmiedgasse 3 · 55283 Nierstein

Weingut Dr. Alex Senfter
Wörrstädter Straße 10 · 55283 Nierstein

Weingut J. & H. A. Strub
Rheinstraße 42 · 55283 Nierstein

Weingut Eugen Wehrheim
Mühlgasse 30 · 55283 Nierstein

Niersteiner Weingenossenschaft
Karolingerstraße 6 · 55283 Nierstein

Weinbaudomäne Oppenheim
Wormser Straße 162 · 55276 Oppenheim

Weingut J. Becker & Sohn
Friedrich-Ebert-Straße 55 · 55283 Nierstein

* Straußwirtschaft/Gutsschänke
Weinprobe n. V. in allen Weingütern möglich

WEINGUT ST. ANTONY

Weingut St. Antony

Wörrstädter Straße 22
55283 Nierstein

Telefon 0 61 33 / 54 82
Telefax 0 61 33 / 5 91 39

Diese Station der Kulinarischen Entdeckungsreise ist wahrlich prominent: Das Weingut St. Antony in Nierstein gehört zu den 100 besten Weingütern Deutschlands, reiht sich in die renommierte Riege des Verbandes der Deutschen Prädikatsweingüter ein und ist Mitglied des Comité 1. Gewächs. Dieses Engagement kommt nicht von ungefähr – mit seinen Rieslingen behauptet das Weingut seit Jahren seinen festen Platz in der Weltspitze.

St. Antony – der Name geht auf die erste Eisenhütte des Ruhrgebiets zurück – wurde 1920 von der Gutehoffnungshütte AV (heute MAN-Gruppe) gegründet, die in Nierstein einen Kalksteinbruch unterhielt, zu dem auch Weinberge gehörten. Mit Dr. Alexander Michalsky, der seit 1976 als Betriebsleiter und Kellermeister für den großen Erfolg des Weingutes verantwortlich zeichnet, sowie dem Ankauf von Spitzenlagen am Roten Hang begann der unaufhaltsame Aufstieg des Weingutes. Die Voraussetzungen für große Weine könnten nicht besser sein. Die 22 ha Rebflächen erstrecken sich nahezu alle am Roten Hang, mit dem die Natur eine ganz besondere Wiege für große Weine geschaffen hat.

Die roten Tonschieferböden, die der spektakulären Erhebung ihren Namen gaben, fallen so schroff wie nirgendwo sonst im oberen Rheintal zum Rhein hin ab. Süd- und Südostlagen mit sehr steinigen Böden bescheren den Reben viel Sonne. Ihre Wärme verbleibt, vom unmittelbar angrenzenden Rhein – dem Golfstrom des Kleinklimas – und vom dunklen Schiefer der Steillagen gespeichert, lange in den Weinbergen.

Hier gedeihen in der Hauptsache Riesling, daneben Silvaner und Weißburgunder sowie Spätburgunder, Portugieser und Dornfelder. Der Riesling ist die Königsdisziplin für den Weinkünstler Dr. Michalsky, der seinen Qualitätsanspruch an der klassischen europäischen Tradition ausrichtet und vor allem Große Gewächse nach dem Vorbild der französischen Grand Crus mit individuellem, lagentypischem Charakter vinifiziert. Auch wenn die einzelnen Lagen am Roten Hang dicht beieinander liegen, weisen sie ganz unterschiedliche Befindlichkeiten auf, die sich später im Charakter des Weins ausloten lassen.

Die Basis bildet der Gutsriesling. Dann folgen auf den mittleren Hanglagen die Weine „Vom Rotliegenden", die noch keine Lagenbezeichnung aufweisen. Diese ist nur den in den Steillagen Oelberg, Orbel, Hipping und Pettental wachsenden Großen Gewächsen vorbehalten und gibt allein Auskunft über die Wertigkeit des Weins, auf weitere Qualitätsangaben wird verzichtet.

Die Trauben werden je nach Qualitätsanspruch gestaffelt und ausschließlich per Hand selektiv gelesen. Nach der schonenden, langsamen Vergärung des Mostes reifen alle Weine überwiegend im Eichenfass. Sie werden in der Hauptsache trocken ausgebaut; von der Nähe zum Rhein geprägt, treten sie säurearm auf und zeichnen sich durch eine facettenreiche, elegante Fruchtigkeit, Fülle und Mineralik aus.

Eine Weinprobe im Hause St. Antony zeigt die unterschiedlichen Lagentypen und ihren individuellen Charakter genussvoll auf – auch für Weinlaien sicher ein Aha-Erlebnis der besonderen Art.

Dr. Alexander Michalsky überzeugt, ebenso wie seine Ehefrau Dr. Ute Michalsky, die gleich nebenan ein Weinlabor betreibt, mit einer unkoketten, täglich engagiert umgesetzten Weinleidenschaft und einer überaus angenehm zurückgenommenen Liebenswürdigkeit. Die Kritik ist spurlos am Ego des sympathischen Rheinhessen vorbeigegangen, statt seiner Person stellt er seine Weine in den Mittelpunkt, Gewächse von Weltniveau, die sich als Botschafter Rheinhessens unter den Besten der Welt stolz behaupten können.

WEIN- UND PARKHOTEL NIERSTEIN

Terrasse hin öffnet, wo man im Sommer in direkter Nachbarschaft des gleichnamigen Parks in idyllischer Ruhe ebenfalls die anerkannte Küche des Hauses genießen kann. Sie offeriert eine gelungene Symbiose aus regionalen und internationalen Produkten, die in ihrer Auswahl der aktuellen Saison ihre Reverenz erweisen und in raffinierter Metamorphose zu einfallsreichen lukullischen Kreationen reifen. Die Tranchen vom Kalbsrücken beispielsweise werden in Apfel-Meerrettichsauce gedünstet und mit Rosenkohlflan und Schupfnudeln serviert, die Fasanenbrust schmiegt sich an Rieslingkraut mit Ginrahm und wird von glasierten Maronen begleitet. Und die Lottemedaillons hüllen sich in einen Kartoffelmantel und kommen auf Rahmgurkengemüse daher.

Das Heyl'sche Garten- und das vegetarische Menü sowie die À-la-Carte-Auswahl werden durch themengebundene Angebote ergänzt, die sich Fisch, Kartoffel und Fondues, Spargel, Lamm oder Kalb widmen. Die Weinauswahl wird natürlich zunächst von rheinhessischen und allen voran von zahlreichen Niersteiner Winzern bestimmt, aber auch die klassischen nationalen und internationalen Positionen sind vertreten.

Gleich zwei Besonderheiten vereint das geschmackvolle 4-Sterne-Hotel der Best-Western-Gruppe in Nierstein schon in seinem Namen: die große Verbundenheit mit den funkelnden Schätzen dieser Region: den edlen Weinen Rheinhessens – und die unmittelbare Nähe zum Heyl'schen Garten, dem schönen Park des Rheinterrassenstädtchens.

Seit Mai 1999 residiert das schmucke pastellgelbe Hotel-Ensemble, das durch die hiesige Wein- und Sektkellerei Jakob Gerhardt erbaut wurde, im Herzen Niersteins. Sonniges, mediterranes Flair umfängt den Gast schon in der Lobby und setzt sich in den großzügig geschnittenen, elegant gestalteten Zimmern sowie im Restaurant »Am Heyl'schen Garten« fort, das sich zur

**Best Western
Wein- und Parkhotel
Nierstein GmbH**

An der Kaiserlinde 1
55283 Nierstein

Telefon 0 61 33 / 5 08 - 0
Telefax 0 61 33 / 5 08 - 3 33

Und wer Lust auf ein frisch gezapftes Bier verspürt, ist im Irish Pub herzlich willkommen, in dem ab und zu auch fetzige Live-Musik geboten wird.

Des Weiteren werden im Wein- und Parkhotel das ganze Jahr über die verschiedensten Veranstaltungen und Freizeitangebote offeriert. Sie reichen von Faschingssitzungen im hauseigenen Festsaal über Theater- und Kabarettabende bis hin zu kulinarischen Weinproben und Weinbergsrundfahrten durch die berühmten Niersteiner Lagen. Und das hauseigene »Cliff-Vital-Center« mit Schwimmbad, Sauna, Whirlpool und Fitness-Bereich steht nicht nur den Hotelgästen, sondern auch den Niersteinern zur Verfügung, die hier eine genussvolle Auszeit vom Alltag nehmen können.

NIERSTEIN

KALBSRÜCKENSTEAK
UNTER DER BÄRLAUCHKRUSTE
MIT MAIMÖHRCHEN
UND FRISCHEM SPARGEL

Zutaten

4 Kalbsrückensteaks à 180 g
1/8 l Sauce Hollandaise
1/4 Bd. Bärlauch, gehackt
4 EL feine Weißbrotbrösel
Zitrone, Salz, Pfeffer
400 g Spargel, geschält
Zucker
Butter
400 g Maimöhrchen

Zubereitung

Für die Kruste die Sauce Hollandaise mit Weißbrotbröseln, Zitrone, Bärlauch, Salz und Pfeffer vermischen. Spargel in leicht gesalzenem Wasser mit etwas Zucker und Butter ca. 12 Minuten kochen. Maimöhrchen ebenfalls kochen, dann in kaltem Wasser abschrecken, damit sie sich leichter schälen lassen.

Die Steaks auf beiden Seiten ca. 3 Minuten bei mäßiger Hitze braten, dann weitere 5 Minuten ruhen lassen. Mit der Hollandaise-Bärlauch-Masse dick bestreichen und unter dem Grill goldbraun gratinieren. Spargel halbieren und mit den Möhrchen in Butter anschwitzen. Etwas Salz, Zucker, Zitrone und Spargelfond zugeben und gut erhitzen. Gemeinsam anrichten. Dazu passen neue Kartoffeln.

Weingut Louis Guntrum

Weingut Louis Guntrum

Rheinallee 62
55283 Nierstein

Telefon 0 61 33 / 97 17 - 0
Telefax 0 61 33 / 97 17 - 17

Eine über 350-jährige Weinbautradition, renommierte Lagen, die Große Gewächse hervorbringen, und ein herrschaftlicher Firmensitz machen das namhafte Weingut Louis Guntrum zu einer ganz besonderen Station auf der Kulinarischen Entdeckungsreise.

Die schöne Vinothek (wochentags u. n. Vereinbarung geöffnet) vereint Geschichte und Gegenwart, denn sie präsentiert nicht nur anschaulich das aktuelle Weinsortiment, sie atmet mit den Ahnenportraits der Guntrums auch viel Historie.

Eine besondere Attraktion ist der von Louis Jean George Guntrum angelegte Weinkeller, einer der größten in ganz Rheinhessen. Labyrinthartige Gänge verbinden die insgesamt vier parallel verlaufenden Weinkeller, die sich heute unter der B 9 und den

einem umweltschonenden Pflanzenschutz und ertragsreduzierendem Rebschnitt. Der junge, ambitionierte Firmenchef, der seinen Besuchern mit sympathischer Herzlichkeit begegnet, betrachtet die Rebe als Geschenk der Natur, die man behutsam pflegen muss. Ziel ist die langfristige Erhaltung des Rebstocks, denn gerade alte Reben bringen besonders gehaltvolle, charakterstarke Weine hervor. Außerdem sieht es Guntrum, der in nunmehr 11. Generation das Weingut leitet, als Verpflichtung, die Weinberge auch für die Zukunft gesund zu erhalten.

Im Keller sorgen erfahrene und dem Betrieb langjährig verbundene Kellermeister für eine schonende, zurückhaltende Vinifikation, bei der die Natur der Regisseur bleibt. Aus Louis Konstantin Guntrum spricht der Betriebs- und Volkswirt, wenn er über Vertrieb und Marketing seiner Weine spricht, aber er tritt zugleich mit großer Leidenschaft für das Kulturgut Wein ein, mit dem er sich seit frühester Jugend auseinander setzt. In Bordeaux, Burgund und Kalifornien lernte er, welche Rolle den Rheinhessen im internationalen Vergleich zukommt und welche Stärken sie besitzen.

So zeigen sich die Guntrum'schen Weine dann auch nicht international gefällig, sondern klassisch rheinhessisch. Mit großem Erfolg, denn das Weingut exportiert seine edlen Kreszenzen in insgesamt 65 Länder.

Zweimal im Jahr, Ende April und Ende September, laden die Guntrums zum Tag der offenen Tür mit Sortimentsverkostung, thematischen Weinproben, z. B. "große Rieslinge der Welt", und Weinbergsrundfahrten. Der persönliche Kundenkontakt ist dem Chef des Hauses sehr wichtig, denn der Markt bestimmt den Geschmack und nicht umgekehrt.

Im Weingut Louis Guntrum leben und arbeiten weinsinnige Menschen, die den Wein als Geschenk der Natur betrachten und ihn zu manch Großem Gewächs zu veredeln verstehen – zum einem Kulturgut der rheinhessischen Art!

Bahngleisen erstrecken. Neben modernsten Edelstahltanks und langen Reihen alter Holzfässern beeindrucken vor allem die kunstvoll geschnitzten Böden der Jubiläumsfässer, die der Familie nach alter Tradition von der Belegschaft zu besonderen Anlässen geschenkt wurden.

So gestaltet sich der Gang durch den Keller wie ein lebendiges Familienstammbuch. Schon seit jeher besaßen die Guntrums, die sich 1923 in Nierstein niederließen und das prachtvolle Gutshaus samt Keller am Ufer des Rheins erbauten, exzellente Weinlagen

in Oppenheim und Nierstein, u.a. am berühmten Roten Hang, die mit den edelsten Rebsorten bepflanzt wurden. So wird die Weinauswahl dann auch von den traditionellen Rebsorten Rheinhessens geprägt: Riesling Silvaner, Spät- und Grauburgunder. Wichtigste Voraussetzung für große Weine ist die gesunde, hochwertige Traube, die nur bei vollkommener physiologischer Reife zu einem herausragenden Wein werden kann. Erreicht wird dies durch gezielte Düngung, die dem Boden nur wiedergibt, was ihm im Weinjahr entzogen wurde,

51

STERNENFELSERHOF

zercafé eine wichtige Rolle. Gerade die gelungene Mischung aus Café und Weinstube lässt die Gäste gern länger verweilen. Zunächst genießt man die herrlichen, selbst gebackenen Kuchen und Torten, dann bleibt man gern noch auf ein Glas Wein. Beliebt sind vor allem die klassische Schwarzwälder Kirsch-, die frische Käse-Sahne-Torte sowie die prächtige Vogelsberger Schneeballtorte. Im Sommer greift Astrid Kopp das frische Obst hiesiger Bauern variationsreich auf und dann bestimmen vor allem fruchtige Spezialitäten wie Erdbeer-, Rhabarber- und Kirschkuchen sowie Eisspezialitäten das Angebot.

Der originellste Platz ist die alte Kirchenbank im Frühstücksraum. Hier wird das üppige Winzerfrühstück serviert, das neben den Hausgästen auch (nach Voranmeldung) geselligen Gruppen offen steht, die sogar noch eine lustige Weinbergsrundfahrt mit zünftiger Weinprobe anschließen können.

Der Gang hinab in den historischen Fasskeller mit seinen alten Holzfässern entführt in das Reich des Winzers Rudolf Kopp, der hier seine anspruchsvollen Gewächse, in der Hauptsache Riesling, Silvaner und weiße wie rote Burgundersorten, kunstvoll

Sternenfelserhof
Weingut, Gästehaus und
Winzercafé Kopp

Oberdorfstraße 16
55283 Nierstein

Telefon 06133 – 925550
Telefax 06133 – 925539

Im Herzen der romantischen Rheingemeinde Nierstein bietet der idyllische Sternenfelserhof der Familie Kopp nicht nur anspruchsvolle Weine, gemütliche Gästezimmer und viel rheinhessische Gastlichkeit, sondern auch ein in der Region bisher einzigartiges gastronomisches Konzept, das alle Stärken des Hauses genussvoll vereint: ein Winzercafé! Die Idee dazu entstand aus dem Anspruch heraus, Weinkunden und Übernachtungsgästen, aber auch Tagestouristen und nicht zuletzt den Niersteinern selbst eine Möglichkeit zur genussvollen Einkehr am Nachmittag zu bieten. Zwischen 14.00 und 18.00 Uhr lädt das gemütliche, lichtdurchflutete Winzercafé zu Kaffee, Tee, leckeren Kuchen und Torten ein. Wem der Sinn nach Herzhaftem steht, der kann zwischen überbackenen Toasts, gefüllten Bagels und Käsevariationen wählen. Und natürlich spielen die edlen Gewächse des hauseigenen Weinguts im Win-

zu veredeln versteht. Die Voraussetzungen sind denkbar günstig, denn das Weingut verfügt über Spitzenlagen am berühmten Roten Hang. Alle Weine werden nach den strengen ökologischen Gesichtspunkten des Ecovin-Verbandes an- und ausgebaut. Kennen lernen können Sie die edlen Weine des Sternenfelserhofes bei den Veranstal-

tungen des Vereins "Wein vom Roten Hang" (s. S. 44), bei der genussvollen Aktion "Wein am Rhein", dem Niersteiner Winzerfest (August) sowie den Tagen der Offenen Weinkeller (September) – und natürlich jederzeit im schönen Winzercafé der Familie Kopp!

NIERSTEIN

VOGELSBERGER SCHNEEBALLTORTE

Zutaten

Boden:
3 Eier, getrennt
100 g Zucker
1 Pck. Vanillepuddingpulver
Mehl
1. Füllung:
600 g Schmand
2 Pck. Vanillezucker
1 EL Zucker
125 ml Mandarinensaft
2 Dosen Mandarinen
6 Bl. Gelatine
2. Füllung:
600 g Sahne
3 Pck. Vanillezucker
6 Bl. Gelatine
100 g Getränkepulver

OrangeZubereitung

Eiweiß steif schlagen, dabei stetig Zucker zugeben, dann Eigelb zufügen. Puddingpulver mit Mehl bis zum Gesamtgewicht von 100 g auffüllen, mischen und über die Masse sieben. Biskuitmasse in eine Springform füllen, im vorgeheizten Backofen bei 200 °C 12 – 15 Min. backen. Auskühlen lassen.
Gelatine einweichen, ausdrücken, in etwas Obstsaft bei geringer Hitze auflösen. Schmand mit Zucker, Obstsaft verrühren, Mandarinen unterheben und Gelatine einrühren.
Auf den Boden geben und fest werden lassen. Sahne mit Vanillin aufschlagen, Gelatine wie zuvor zubereiten (diesmal in etwas Sahne auflösen) und unterrühren. Orangenpulver unter die Sahne ziehen und diese kalt stellen. Wenn die Sahne fest ist, mit einem Eisportionierer Kugeln abstechen, auf die Torte schichten. Mit Kakaopulver bestäuben.
© Rezept: Vemmina

WEINGUT KARL JUNG & SOHN

Betriebsführung gemeinsam mit Frau Ulrike übernahm. Die Tradition bewahren, aber stets auch neue Wege gehen – das ist Ulrich Jungs Motto und so nimmt er sich neben den Klassikern Riesling, Silvaner, Portugieser und Dornfelder sowie den Burgundersorten auch immer wieder Rebsorten an, die hierzulande nicht immer heimisch waren, wie Bacchus, Chardonnay und Gewürztraminer im Weißweinbereich, Cabernet Mitos und St. Laurent bei den Roten. Neuanpflanzungen brauchen Zeit, Ruhe und viel Fachkenntnis, doch Ulrich Jung ist Winzer mit Leib und Seele und sieht gerade in der stetigen Weiterentwicklung seines Angebotes eine Herausforderung. Die Weißweine, die etwa zwei Drittel des Angebotes ausmachen, werden im Edelstahltank ausgebaut, ein Teil der Rotweine reift im Holzfass, einige davon auch im Barrique. Durch gärgezügelten Ausbau entwickelt sich das Aroma der Weine auf besondere Art und Weise, sie präsentieren sich sortentypisch und ein jeder Jahrgang verweist mit individuellen Geschmacksnoten auf seine Einzigartigkeit. Besonders die fruchtige Huxelrebe bringt sehr gute Qua-

Weingut Karl Jung & Sohn

Hauptstraße 7
55283 Nierstein-Schwabsburg

Telefon   0 61 33 / 6 04 59 + 56 96
Telefax   0 61 33 / 50 77 14

Die seit 1970 zu Nierstein zählende Gemeinde Schwabsburg verdankt ihren Namen der gleichnamigen staufischen Burg, die, malerisch auf einer Bergkuppe gelegen, einen weiten Blick in die idyllische Region bietet. Seit dem Ansturm der Spanier unter Feldherr Spinola im 30-jährigen Krieg ist sie leider nur noch als Ruine erhalten, doch der trutzige viereckige Turm zeugt noch immer von ihrem einst wehrhaften Charakter.

Beschaulich geht es im Ortskern von Schwabsburg zu. Hier ist das Weingut Karl Jung & Sohn zu finden. 1957 aus einem landwirtschaftlichen Betrieb heraus entstanden, werden die auf 18 ha angewachsenen Rebflächen heute von Ulrich Jung kultiviert. Vater Karl, ein echtes Schwabsburger Original, steht seinem Sohn jedoch noch immer zur Seite, seit dieser 1987 die

litäten hervor, die in hochwertigen Beeren- und Trockenbeerenauslesen resultieren. Natürlich sind Weinfreunde das ganze Jahr über zu Weinproben willkommen. Auch auf vielen Weinfesten in Rheinhessen gehört der Weinstand des Weingutes Jung zur festen Institution.

Die geselligste Möglichkeit, die Weine des Hauses Jung, die äußerst sympathische Winzerfamilie und besonders die neuen Weine des aktuellen Jahrgangs zu probieren, bietet aber ganz sicher das alljährliche Hoffest, das am 2. und 3. Samstag im September stattfindet. Eine Fahrt mit dem Planwagen durch die Weinberge gehört traditionell dazu. Wissenswertes rund um die Weinbergslagen erläutert Ulrich Jung auch für Laien gut verständlich. So erfährt man beispielsweise, wie das Jahr den Weinberg geprägt hat, wie sich lange Regenperioden, trockene, heiße Sommer oder Hagelschlag auf den Weinberg und die Reben auswirken. Anschließend bietet eine herzhafte Winzervesper kulinarische Freuden. Gute Laune und viel Genuss sind also garantiert, wenn es heißt: das Weingut Jung öffnet seine Tore für seine Gäste. Ein besonderes Vergnügen für alle Fans rheinhessischer Gartenkultur offeriert Ulrike Jung, die der "Interessengemeinschaft rheinhessischer Gartenführerinnen" angehört. Im Mai bietet sich unter dem Motto "Gärten und Kultur" die Möglichkeit zur Besichtigung zweier Wohngärten, auf einer Weinbergsrundfahrt geht es hinauf zur Schwabsburg, wo Kaffee und selbst gebackener Kuchen auf die Gartenfreunde warten. Und anschließend gibt es eine herzhafte Winzervesper im Weingut Jung. Und noch etwas sehr Interessantes kann man hier entdecken: Zwei römische Tonkrüge (s.r.) die beim Bau des Wohnhauses der Jungs entdeckt wurden, belegen, dass diese Region bereits vor 2000 Jahren besiedelt war. Natur und Kultur – ein harmonisches Paar, das sich auch im Wein der Familie Jung auf köstliche Weise immer wieder trifft.

VON BACKESGRUMBEERE, WOIHINKEL UND DIPPEHAS

Das kulinarische Geschehen in Rheinhessen ist fest verknüpft mit dem Wein. Ganz ähnlich wie in Frankreich und Italien trinkt man ihn gern zum Essen und die traditionellen Gerichte kommen kaum ohne diese spezielle Zutat aus.

Die Gastronomielandschaft bietet ein breites Spektrum mit anspruchsvollen Restaurants, gemütlichen Landgasthöfen, stilvollen Hotels und urigen Gasthäusern. Doch beherrscht wird die Szene ganz klar von den Straußwirtschaften, Gutsschänken und Weinstuben, die den hauseigenen Wein in das Zentrum des kulinarischen Geschehens stellen. Auf keiner Karte fehlen dürfen der herzhafte Spundekäs (Frischkäse mit Gewürzen) und der Mainzer Handkäs mit Musik. Hier spielt Ihnen nicht etwa eine Kapelle ein Ständchen, die Musik steht für eine Essig-Öl-Marinade mit Zwiebeln, in die der Sauermilchkäse eingelegt wird. In Mainz heißt das unentbehrliche kulinarische Dreigestirn: Weck (Brötchen), Worscht (Fleischwurst) und Woi (Wein). Auch als Spargelregion hat sich Rheinhessen einen Namen gemacht und platziert die edle Stange abwechslungsreich im saisonalen Angebot der Restaurants.

Doch eine der wichtigsten Rollen bei der Zubereitung der rheinhessischen Klassiker nimmt unbestritten die profane Kartoffel (Grumbeere) ein. Von der Kartoffelsuppe, die rhoihessisch Grumbeerbrie, über Backesgrumbeere (Eintopf aus Schweinebauch, Kartoffeln und Zwiebeln in Weißwein-Sahne-Sauce) bis zum Wingertskaninchen (Kaninchenkeulen mit Kartoffeln in Wein-Sahnesauce) läuft nichts ohne die tolle Knolle.

Auch Silvanersuppe und Woihinkel (rheinhessische Variante des Coq au vin, Hühnchen in Weinsauce), Dippehas (Hasenfleisch und Schweinenacken, mit geriebenem Brot, Gemüse, Gewürzen und Rotwein in einem mit Brotteig versiegelten Topf gegart) und Rheinzander sprechen eine deutliche rheinhessische Sprache. Mit all diesen Gerichten gehen die rheinhessischen Weine eine gegenseitig befruchtende lukullische Liaison ein.

Der Silvaner, lange Zeit die wichtigste Rebsorte Rheinhessens, gewinnt seit den 80er Jahren wieder an Bedeutung. Das Programm RS – Rheinhessen Silvaner hat ihn als Gebietswein mit einheitlichem Etikett als trocken-fruchtige Visitenkarte der Region positioniert. Gemeinsam mit Müller-Thurgau und Dornfelder belegt der Silvaner die meisten Rebflächen in der Region.

Der Riesling gilt als unbestrittene Königin unter den Rebsorten. Vom einfachen Qualitätswein bis zum Großen Gewächs, von der trockenen Auslese bis zum edelsüßen Eiswein vermag er alle Qualitätsstufen auf hohem Niveau zu meistern.

Bei den Rotweinen stellt der Spätburgunder die Königsdisziplin. Als Frühburgunder erobert er sich ganz langsam sein früheres Herrschaftsgebiet wieder zurück, aus dem er lange Zeit verschwunden war.

Vielfach hoch prämiert ob ihrer Güte sind auch die Weiß- und Grauburgunder der Region. Wie Kerner und Scheurebe, Portugieser und Bacchus fehlen sie auf kaum einer Weinkarte.

Der Ruf nach strengen Richtlinien für anspruchsvolle Weine wird zunehmend lauter. Die Winzer finden sich zusammen, um gemeinsam Kriterien (Ertragsbegrenzung, Handlese, Alter der Reben etc.) zu entwickeln, deren Erfüllung bereits ein hohes Werturteil über einen Wein abgibt.

So präsentiert das Programm "Selection Rheinhessen" trocken ausgebaute Spitzenweine als köstliches Abbild seiner Heimat! Die Mitglieder des Verbands deutscher Prädikatsweingüter stellen sich ihrer Kernkompetenz und präsentieren als "Eliteeinheit" ihres Angebots Lagenweine, die auf perfektem Terroir gedeihen. Besonders die

"Großen Gewächse", das Pendant zum französischen Grand Cru, begründen im internationalen Vergleich den hervorragenden Ruf der hiesigen Weinmacher.
Es passiert etwas in Rheinhessen – und alles im Sinne des Genusses!

WEINGUT DR. HEYDEN

Weingut Dr. Heyden

Wormser Straße 95
Kellerei: Am Gutleuthaus 1
55276 Oppenheim

Telefon 0 61 33 / 92 63 01
Telefax 0 61 33 / 92 63 02

In Oppenheim ist die kulinarische Entdeckungsreise zu Gast in einem der "100 besten Weingüter Rheinhessens", dem renommierten Weingut Dr. Heyden. Die Familie des Gründers Dr. jur. Karl Heyden (RA) betreibt seit Generationen Weinbau, doch erst 1999 entstand mit Pacht- und Eigenweinbergen in Oppenheimer Spitzenlagen ein Weingut, das es in kurzer Zeit zu weit reichendem Ruf brachte und sogar im US-Export bereits beachtliche Erfolge erzielen konnte.

Im Zusammenspiel mit Mitinhaberin Anita Heyden-Dimont (Verkauf) und den Söhnen Harry als Betriebshelfer sowie Betriebsleiter und Kellermeister Frank Heyden werden Qualitätsweine von hohem Niveau erzeugt, die dem "jungen" Weingut schon viel

Anerkennung in der Fachwelt sowie der einschlägigen Weinpresse bescherten. Bereits mit dem ersten Jahrgang 1999 konnten mit zwei Standardrebsorten, Riesling und Silvaner, Spitzen-Kreszenzen der Selection Rheinhessen vorgestellt werden. Viele weitere Erzeugnisse wurden prämiert. Besonders Frank Heyden bringt als Dipl.-Ing. für Weinbau und Oenologie (FH Geisenheim) viel innovatives Know-how und zahlreiche erfolgversprechende Ideen in den Betrieb ein. Schon während seines Studiums zeichnete er für Keller und Weinberge verantwortlich und suchte nach Auslandsaufenthalten nach neuen Wegen im Weinbau.

2004 wurde sein Engagement mit dem Deutschen Oenologen-Preis für "über-

dern die physiologische Reife ist entscheidend. Durch schonende Vinifikation reifen die Weine im Anschluss zu charakterstarken Individuen von herausragender Qualität heran, bei denen Reinheit, Aroma und Mineralik bestechen. In der Regel werden die Weißen in Edelstahl, die Roten im Holz- bzw. Barriquefass ausgebaut, wo sie bis zu 15 Monate ruhen.

Mit jungen Rebanlagen von Weiß- und Frühburgunder, Cabernet Dorsa, Merlot, St. Laurent und Chardonnay wird das Riesling-, Burgunder- und Silvanersortiment ergänzt. Das Weingut möchte in Zukunft dem Rotwein ein stärkeres Gewicht verleihen. Wenn die Natur es zulässt und alle Komponenten perfekt zusammenpassen, werden feinste Auslesen, Beeren-, Trockenbeerenauslesen und Eisweine kreiert, wie der 1999er Silvaner Eiswein Barrique, der die Goldene Kammerpreismünze und die Goldene DLG-Auszeichnung bekam. Eine ebenso außergewöhnliche Köstlichkeit ist ein Silvaner-Eiswein-Sekt – ein Wagnis, das ebenso gelang wie das edle Rotwein-Cuvée "Maximus". Was genau sich hinter dieser Komposition verbirgt, die einmal mehr auf den Weinverstand von Frank Heyden verweist, verrät er nicht. Da hilft nur eins: Probieren!

durchschnittliche Leistungen im Studium und eine herausragende Diplom-Arbeit" belohnt. Letztere erforschte die Wirkung von stickstoffhaltigem Blattdünger auf die Nährstoffaufnahme der Trauben, eine Methode, die bisher nur im Obstbau Anwendung gefunden hatte.

Die Früchte seines unermüdlichen Engagements fallen buchstäblich auf reichen Boden. Denn das ca. 10 ha große Weingut erstreckt sich auf beste Lagen in Oppenheim wie dem weltberühmten Sackträger mit seinem perfekten Mikroklima und kalkhaltigem, nährstoffreichem Boden und die

ebenso bekannten hervorragenden Lagen Herrenberg, Kreuz und Schloss.

Frank Heydens primäres Ziel ist ein perfektes Bodenmanagement, das auf der Einbringung von Kompost, Stroh und Rindenmulch sowie der Weinbergsbegrünung mit humusbildenden Einsaaten basiert. Konsequente Ertragsreduzierung durch Ausdünnung, Entblätterung und selektive Vorlese sind für die Erzeugung von Prämiumweinen ebenfalls unerlässlich.

Geerntet werden die Trauben erst, wenn sie den maximalen Reifegrad erreicht haben. Nicht der Blick auf die Oechslezahl, son-

WEINGUT STALLMANN-HIESTAND

Weingut Stallmann-Hiestand

Eisgasse 15
55278 Uelversheim

Telefon 0 62 49 / 84 63
Telefax 0 62 49 / 86 14

Uelversheim ist nicht nur wegen seiner in Deutschland einzigartigen oktogonalen Kirche ein sehenswertes Ziel der Kulinarischen Entdeckungsreise, sondern bietet mit dem Weingut Stallmann-Hiestand auch für Weinkenner und Gourmets ein empfehlenswertes Anlaufziel.

Neben seinen Weinen macht der Familienbetrieb unter der Leitung von Dipl. Ing. Agr. Werner Hiestand mit seinen erlebnisreichen Weinevents und Degustationen von sich reden.

Ein stimmiges Genusskonzept verbindet die edlen Gewächse mit erlesenen Gaumenfreuden, wenn renommierte Küchenchefs aus der Region für die Gäste inmitten des wunderschönen Winzerhof-Ambientes mit Rosengarten mehrgängige Menüs bereiten, die sich mal mediterran verspielt, mal traditionell verwurzelt präsentieren. Dann

kommen Gäste aus ganz Deutschland nach Uelversheim, um das keinesfalls alltägliche Wein-Genuss-Programm zu erleben (zur Auswahl stehen Weinmenüs mit korrespondierenden Weinen und Sensorik-Seminare mit passendem Weinmenü).

Weinbau betreibt die Familie schon seit vielen Generationen. Die Weinberge – zur Zeit sind es 16 ha – werden an den Rheinterrassen zwischen Oppenheim und Guntersblum und in Uelversheim bewirtschaftet. In diesen zum Rhein hin geneigten Lagen wachsen vorwiegend Riesling und Burgundersorten.

Der „Hiestandclan", wie er sich selbst liebevoll nennt, wird repräsentiert von den Kindern Anne, Björn, Christoph, Jochen und den Eltern Siglinde und Werner Hiestand. Die junge Generation hilft am Wochenende im Weingut immer fleißig

Handlese aller Rotweine, Burgunder und Rieslinge umgesetzt.

Für die schonende Pressung der Trauben und die langsame, behutsame Vergärung der Moste braucht es Zeit. Die Rieslinge reifen im großen Holzfass und in Edelstahltanks, Burgunder, Chardonnay und Cabernet kommen in kleine Barrique-Eichenholzfässer, wo sie bis zu zwei Jahre verbleiben, um eine vollendete Aromenvielfalt entwickeln.

Im Hause Hiestand macht es Freude, etwas über Wein, seine Entstehung und die Philosophie des Weinmachers Werner Hiestand, der jahrelang als Weinbaupräsident die weinigen Geschicke Rheinhessens lenkte, zu erfahren. Er vermittelt Weingeschmack lebendig, anschaulich und mit viel Leidenschaft.

Tipp: Nutzen Sie die Möglichkeit, die Geburtsstunde eines guten Weins bei den Weinlese-Wochenenden im Herbst hautnah mitzuerleben. Der authentische „Selbsterfahrungskurs im Wingert" und dann die Kür nach vollendeter Tat mit Hausmannskost und knackigen Weinen sind heiß begehrt.

Die Weine von Stallmann-Hiestand sind auch im guten Weinfachhandel erhältlich (siehe unter www.stallmann-hiestand.de).

mit. Denn der Winzeralltag im Weinberg, im Keller und in der Probierstube braucht viele erfahrene Hände.

Die Weinauswahl des Hauses Stallmann-Hiestand wird von klassischen, trockenen Rebsortenweinen bestimmt. Riesling, Burgundersorten und Silvaner sind die Hauptdarsteller bei den Weißweinen. Bei den Rotweinen werden Spätburgunder, Portugieser und anspruchsvolle Kreuzungen mit Cabernet Sauvignon gepflegt. Die Winzerfamilie produziert außerdem Spezialitäten wie Gewürztraminer, Sauvignon Blanc und Gutssekt vom Riesling und Burgunder. Qualität beginnt im Weinberg und weniger ist mehr! Diese Betriebsphilosophie wird durch eine anspruchsvolle Pflege der im Durchschnitt 15 Jahre alten Reben, den reduzierten Ertrag durch Ausdünnung der Trauben am Rebstock sowie die selektive

WEIN- UND SEKTGUT LOESCH

sämtlich im Holzfass, ausgewählte rote und weiße Spitzengewächse, die per selektiver Handlese gewonnen werden, ruhen im Barriquefass, das ihnen den unverwechselbar würzigen, tabakähnlichen Röstton verleiht.

Nicht nur Traubensaft, Brände und Liköre ergänzen das Angebot, eine weitere Spezialität des Hauses sind klassische Winzersekte aus eigener Herstellung. Ganz nach dem Vorbild der Champagne werden hochwertige Weine – im Hause Loesch sind es Spätburgunder, Riesling, Scheurebe, Morio Muskat und Schwarzriesling – in einer aufwändigen, zeitintensiven Prozedur zu anspruchsvollen, edel moussierenden Sekten veredelt. Mindestens 18 Monate reifen die zukünftigen Sekte im Keller des Weingutes. Dabei wird die Hefe per Hand abgerüttelt, damit sie ihren Weg vom Flaschenboden bis zum Hals findet.

Arndt Loesch verwendet größte Sorgfalt auf die Pflege seiner Weinberge. Sein besonderes Augenmerk legt er auf die Ertragsreduzierung, die er weit über das sonst übliche Maß betreibt. Mit 8000 l/ha liegt sein Ertrag ca. 20 % unter dem Durchschnittsertrag in Rheinhessen. Im Laufe des Weinjahres werden die Reben weit zurückgeschnitten, die Rotweine werden weitestgehend entblättert, um den Trauben genug Sonne zukommen zu lassen, was sich später im Aroma, der Struktur und einer tiefroten Farbe niederschlägt. Die Burgunder-

Im Jahr 2003 feierte das Wein- und Sektgut Loesch in Uelversheim sein 200-jähriges Bestehen, eine beeindruckende Weinbaugeschichte, die Arndt Loesch in nunmehr 7. Generation erfolgreich fortzuführen versteht. Dabei kann er auf einen reichen Erfahrungsschatz zurückgreifen, zugleich aber auch die Kenntnisse des modernen Weinbaus, die sich der Landwirtschaftsmeister und Techniker für Weinbau und Kellerwirtschaft im Laufe seines Berufslebens aneignete, einbringen. Dieses Miteinander aus Tradition und Gegenwart bestimmt den Charakter seiner Weine und Sekte.

Die Angebotspalette des Hauses Loesch zeigt sich vielfältig und offeriert überwiegend traditionelle Rebsorten. Die 12 ha umfassenden Rebflächen erstrecken sich auf sonnige Südhänge rund um Uelversheim, etwa ein Drittel davon liegt direkt an den Rheinterrassen, wo die Voraussetzungen für herausragende Weine besonders günstig sind.

Die trockenen Rotweine, Dornfelder, Schwarzriesling und Spätburgunder, reifen

Wein- und Sektgut Loesch

Eisgasse 17
55278 Uelversheim

Telefon 0 62 49 / 90 50 77
Telefax 0 62 49 / 90 50 79

sorten werden von Hand ausgedünnt, was ihrer Qualität ebenso zuträglich ist.

All diese Bemühungen dienen allein der Verbesserung des Lesegutes, denn nur so kann später im Keller ein guter Wein entstehen.

Auch hier geht der junge, engagierte Winzer keine Kompromisse ein. Der Weißwein darf langsam und schonend vergären und wird recht frühzeitig filtriert, damit er reintönig und bekömmlich bleibt. Der Rotwein vergärt traditionell auf der Maische, was

ihm eine sanfte Frucht und passende Tanninstruktur beschert.

Nur etwa die Hälfte des jährlich gewonnenen Weins wird für die Privatkunden des Familienweingutes abgefüllt – damit bleibt sichergestellt, dass nur das Beste eines Jahrgangs zum Genuss freigegeben wird. Das Weingut der Familie Loesch ist ein sehenswertes Beispiel für die typische rheinhessische Winzerhoftradition. Wohnhaus und Wirtschaftsgebäude gruppieren sich um einen idyllischen Innenhof, der

besonders im Sommer ein farbenprächtiges Schauspiel bietet. Die Weinproben werden hier im Freien oder in der stilvoll mit elegantem, dunklem Holzmobiliar ausgestalteten Weinprobierstube durchgeführt. Auf Wunsch begleitet Arndt Loesch seine Gäste auch hinaus in die Weinberge, der Wiege seiner köstlichen Weine, oder hinab in den tiefen Gewölbekeller, in dem er seine Gewächse so vollendet zu veredeln versteht.

WINZERHOF BIEGLER

setzen Winzer Karl-Wilhelm Biegler und Sohn Michael, ein angehender Weinbau-Ingenieur, aber auch auf Neuzüchtungen, vor allem im lieblichen Bereich mit Optima, Ortega und Morio-Muskat.

Im Vordergrund steht der sorgsame, schonende Umgang mit dem Weinberg und später auch mit den Weinen im Keller. Natürliche Begrünung der Rebhänge, Ertragsreduzierung zur Qualitätsförderung sowie der weitgehende Verzicht auf Filtration ergeben reine, sortentypische Weine, die auf ihre Herkunft verweisen, Jahrgang und Lage authentisch wiedergeben. Gelegenheiten, die bodenständig-herzliche Winzerfamilie und ihre Weine kennen zu lernen, bieten zünftige Weinproben, die auf Wunsch auch mit einer Weinbergs-rundfahrt und kulinarischer Begleitung verbunden werden können, sowie die Möglichkeit eines romantischen Mahles im urigen Gewölbekeller des Winzerhofes. Die Winzerin serviert ihren Gästen dann ein 4- bis 5-gängiges Menü zu korrespondierenden Weinen. Und wer von weither anreist, dem steht eine gemütliche Ferienwohnung zur Verfügung.

Die ganze Fülle rheinhessischer Gaben offeriert der hübsche, kleine Hofladen der Bäuerin. Eimsheimer Bergkartoffeln, Eier von frei laufenden Winzerhof-Hühnern und natürlich Wein liefert der Hof der Bieglers selbst. Hinzu kommen heimische Produkte wie Obst, Gemüse und Salat, daneben frische Kräuter, Käse und

Winzerhof & Gästehaus Biegler

Hauptstraße 33
55278 Eimsheim

Telefon 0 62 49 / 23 85
Telefax 0 62 49 / 23 85

Öffnungszeiten Hofladen:
Di – Fr: 9.00 – 11.00, 14.00 – 19.00
Sa: 9.00 – 16.00

Im beschaulichen Dörfchen Eimsheim verweist der schöne, 250 Jahre alte Winzerhof der Familie Biegler besonders anschaulich auf die reichen Gaben Rheinhessens. Karl-Wilhelm und Rosemarie Biegler bewirtschaften 50 ha Ackerland sowie 12 ha Weinberge und präsentieren in ihrem kleinen, aber bestens sortierten Hofladen die Produkte ihrer Heimat.

Das Weingut besticht durch die hierzulande übliche Sortenvielfalt. Neben Klassikern wie Riesling und Burgunderweinen

TRAUBEN-KROKANT-CREME

Zutaten (für 8 Personen)

125 ml Traubensaft, weiß
2 EL Zitronensaft
150 g + 1 EL Zucker
500 ml Schmand
4 Bl. weiße Gelatine
500 ml Sahne
500 g Weintrauben, halbiert, entkernt
100 g gehackte Mandeln
1 TL Butter

Zubereitung

Milchprodukte sowie Wurstwaren von einem Bioland-Betrieb. Die sympathische und umtriebige Winzersfrau wählt ihre Lieferanten sorgfältig aus: "Wir bürgen für gute Qualität, die wir von uns selbst, aber auch von unseren Zulieferern erwarten." Dinkel-Produkte, ein vegetarisches Sortiment, frisches Brot, Honig und selbst gemachte Marmeladen und je nach Jahreszeit sogar frisch geräucherte Forellen sowie Enten und Gänse aus der Freilandhaltung ergänzen das Angebot, das man auch in liebevoll zusammengestellten Präsentkörben erwerben kann.

Für viele Eimsheimer erfüllt das Beflädchen des Winzerhofes die gute, alte Tante-Emma-Tradition – ein kleiner Plausch, ein herzliches Lachen und das Bemühen, die Wünsche ihrer Kunden zu erfüllen, ist für die Bieglers selbstverständlich. Das ist echte rheinhessische Lebensart!

Trauben- und Zitronensaft mit 150 g Zucker und dem Schmand verrühren. Gelatine in kaltem Wasser einweichen, ausdrücken und in etwas Sahne bei kleiner Hitze auflösen. Unter die Schmandmischung rühren und kalt stellen. Restliche Sahne steif schlagen. Wenn die Schmandcreme zu stocken beginnt, Schlagsahne und Weintrauben unterheben.
Für den Krokant die gehackten Mandeln mit 1 EL Zucker karamellisieren, dann Butter hinzufügen und die Traubencreme mit dem Krokant bestreuen.

DER WONNEGAU – LIEBLICHES WEINLAND IM SÜDEN

Der Wonnegau ist ein liebliches Fleckchen Erde, das dem Reisenden so manche Wonne zu bereiten weiß, seinen Namen erhielt die Region jedoch vom keltischen Stamm der Vangionen, die hier einst siedelten.

Geprägt wird der Süden Rheinhessens von beschaulichen Weinorten rund um die Dom- und Nibelungenstadt Worms, die es verstehen, südliches Lebensgefühl zu verbreiten. Das Landschaftsschutzgebiet "Rheinhessisches Rheingebiet" rund um Eich und den idyllischen Eicher See lädt ein zum Verweilen und Entspannen. In Eich sind die ev. Pfarrkirche aus dem 19. Jh., der mittel-

alterliche Wohnturm aus dem 15. Jh. sowie der Sandhof, eine befestigte Hofanlage mit vier zinnenbekrönten Ecktürmen, sehenswert. An der Stelle, an der sich einst die Burg Osthofen in die Höhe reckte, erstreckt sich heute der Friedhof und die ev. Bergkirche von Osthofen mit schönem Blick in den Wonnegau. Die dreischiffige Pfeilerbasilika aus dem 11. Jh. beeindruckt mit ihrem imposanten Turm mit Giebel und Helmdach. Auch Kanzel, Gemälde sowie die Wandmalereien in der Katharinenkapelle sind zu beachten. Das Stadtbild wird geprägt von Winzerhöfen mit prächtigen Portalen und idyllischen Innenhöfen.

Die von den Winzern aufwändig restaurierten vier Wingertshäuschen ragen wie edle Burgtürme mit Zinnen und Spitzbogenfenstern aus dem Weinberg und sind beliebte Ziele für Weinbergswanderungen und Weinproben "vor Ort".

Während der Mühlenradweg romantische Mühlen an idyllischen Bachläufen im Wonnegau verbindet, wandelt der Seebachmühlen-Wanderweg auf den Spuren der einst neun Getreide-, Öl-, Walk- und Schleifmühlen von Westhofen.

Der von Linden und historischen Fachwerkbauten reizvoll umstandene Marktplatz ist das Herz der Weingemeinde, unter

dem sich ein Labyrinth aus Weinkellern erstreckt, und beheimatet beide Pfarrkirchen. Auf dem ehem. Friedhof sind die Ruine der Liebfrauenkirche sowie historische Grabsteine zu finden.

Die imposante mittelalterliche Fleckenmauer in Flörsheim-Dalsheim ist eine der ältesten vollständig erhaltenen und begehbaren Stadtmauern Deutschlands. Sie ragt bis zu 11 m gen Himmel und umfasst insgesamt acht Türme, z. B. den Hexenturm mit spitzer Haube und Zinnenkranz. Auch der imposante Alte Wohnturm im Ortsteil Niederflörsheim verweist auf die Bedeutung des Fleckens im Mittelalter. Das Ortsbild wird von Herrenhäusern und Winzerhöfen mit viel rheinfränkischem Fachwerk geprägt.

Die drei romanischen Ortskirchen (zwei von ihnen besitzen eine Stumm-Orgel) lohnen ebenso einen Besuch wie das Weinbaumuseum mit Exponaten, die bis in die Frankenzeit reichen.

Ein echtes Kulturhighlight ist die kath. Pfarrkirche St. Lambertus in Bechtheim, einst eine bedeutende Wallfahrtsstätte auf dem Jakobs-Pilgerweg (die rekonstruierte Strecke führt von Dittelsheim-Hessloch über Bechtheim, Ost- und Westhofen bis Worms-Abenheim und -Herrnsheim). Ältester Teil der dreischiffigen Pfeilerbasilika ist der Türsturz mit der Hand Gottes am Turmportal (11. Jh.). Der mächtige romanische Wehrturm wurde erst später mit der Kirche verbunden und im Obergeschoss gotisch erweitert. Die Stollenkrypta erlaubte es den Pilgern, direkt unter den Chor zu gelangen und sich damit buchstäblich "unter" den Schutz des hl. Lambertus zu stellen. Die ev. Pfarrkirche ist im Stil des Barock und Jugendstil gestaltet mit einem haubenbekrönten, 38 m hohen Turm, im Inneren sind eine Stummorgel sowie schöne Glasmalereien zu finden. Bechtheim gilt auch als Dorf der Brunnen. Die schönsten sind der Lambertus- und Aegidiusbrunnen, die den Bürgern einst als Waschstelle dienten.

In Dittelsheim-Hessloch am Fuße des Kloppbergs, mit 292 m die höchste Erhebung in Rheinhessen, lohnt der pittoreske "Heidenturm" der ev. Pfarrkirche die Betrachtung, denn er hebt sich mit seinen maurisch-byzantinischen Stilelementen von der Sakralarchitektur des Landes deutlich ab. In der Nachbarschaft findet sich ein mittelalterlicher Torbogen, der Teil der Befestigungsanlage des Wehrfriedhofs gewesen ist.

Die kath. Pfarrkirche im Ortsteil Hessloch beherbergt eine alte Madonnenfigur sowie sehenswerten Bilder- und Figurenschmuck. Der Besuch des Friedhofs nebenan lohnt wegen des steinernen Sarkophags, wohl aus dem 3. Jh., und einem ca. 800 Jahre alten Urkundenstein.

Die Mariensäule im Liebfrauenberg wurde 1914 an der Stelle einer Wallfahrtskirche aus dem 14. Jh. errichtet, sie zeigt Reliefs von der Muttergottes sowie vom hl. Urban, dem Patron der Winzer.

Die sehenswerten Rathäuser von Offstein – ein sog. Kapellenrathaus mit einer Kapelle im Erdgeschoss und dem Bürgermeisteramt im 1. Stock – und Hohen-Sülzen – ein Fachwerkbau mit offener Galerie an der Ostseite – sind einen Abstecher wert.

WEINGUT KURT ERBELDINGER UND SOHN

**Weingut
Kurt Erbeldinger und Sohn**

Haus Nr. 3
67595 Bechtheim-West

Telefon 0 62 44 / 49 32
Telefax 0 62 44 / 71 31

Ein von Auszeichnungen verwöhntes Weingut, das sich mit anspruchsvollen Weinen über die Grenzen Rheinhessens hinweg zu den Spitzenbetrieben Deutschlands zählen kann und sich durchweg hoch gelobt in der einschlägigen Fachpresse wiederfindet – und zugleich ein echter Familienbetrieb, der sich mit Herz und Leidenschaft dem Wein verschrieben hat und in dem Besucher immer willkommen sind – ist das vereinbar?

Ja – im Weingut Kurt Erbeldinger und Sohn treffen sich all diese Attribute auf wunderbare Weise. Der imposante, weiße Familiensitz in Bechtheim-West mit seiner lichtdurchfluteten, großzügigen Weinprobierstube bietet die adäquate Kulisse für feinsinnige, edle Weine. Der Weg in den Wonnegau ist nie umsonst, denn mindes-

tens ein Mitglied der sympathischen, angenehm unprätentiösen Winzerfamilie trifft man hier immer an.

Stefan und Edith Erbeldinger führen das Weingut seit dem Jahr 2000, doch auch Mutter Gertrud und die Kinder Christoph und Gudrun, die sich beruflich bereits ebenfalls dem Wein verschrieben haben, sind ein wichtiger Bestandteil des Familienunternehmens.

Stefan Erbeldingers Vater Kurt legte in den 1960er-Jahren mit der Etablierung der damals hierzulande noch unüblichen Direktvermarktung von Flaschenwein den Grundstein für die Erfolgsgeschichte des Hauses und den großen, treuen Privatkundenstamm.

Von Spätburgunder, Portugieser und Dornfelder bis zu Riesling, Weißburgunder und

und konsequenter Rebschnitt dienen der Ertragsreduzierung, eine fast ausschließliche Lese des vollreifen Lesegutes per Hand und ein naturnaher, umweltschonender Umgang mit dem Weinberg – das sind die Erfolgskriterien, die sich der zurückhaltend wirkende Winzer, der selbst als Prüfer bei Landes- und Bundesprämierungen fungiert, auferlegt.

Die Familie selbst ist sein stärkster Trumpf, alle arbeiten mit viel Einsatz und Hingabe zusammen, bemüht, jedes Jahr das bestmögliche Ergebnis zu erzielen.

Dies wurde nun vom „Feinschmecker" gewürdigt, der das Weingut zum „Newcomer des Jahres 2003" kürte. Schon im Jahr zuvor gelang es den Erbeldingers, neben dem Bundesehrenpreis in Silber mit ihrem umfangreichen Sektsortiment auch noch den DLG-Ehrenpreis für den besten deutschen Sekt zu erringen.

Ein Besuch im Weingut Kurt Erbeldinger und Sohn ist für jeden Weinliebhaber ein Erlebnis. Aber der Traditionsbetrieb ist auch für den Wonnegau und Rheinhessen ein großer Gewinn, zeigt er doch eindrucksvoll, welch wichtige Position dem Wein in der „Toskana Deutschlands" im nationalen Vergleich gebührt.

Chardonnay reicht die für Rheinhessen so typische Sortenvielfalt, allesamt klare, fruchtig-frische Weine, die ihren Jahrgang authentisch wiedergeben und sich durch eine ausgefeilte Harmonie und Bekömmlichkeit auszeichnen.

Die Rotweine reifen im Holzfass, doch auf den "Barrique-Trend" setzt Stefan Erbeldinger nicht. Er möchte auch bei seinen Roten ein fruchtintensives und rebsortentypisches Aroma erreichen, das nicht durch andere Töne überlagert wird.

Die 25 ha umfassenden Rebflächen erstrecken sich auf beste Lagen rund um Bechtheim und bringen auf Löß-, Löß-Lehm- und Löß-Mergelböden herausragende Qualitäten hervor.

Die zahlreichen Auszeichnungen, die dem Weingut bereits den Titel "Medaillenschmiede" einbrachten, bestätigen den hohen Anspruch der Erbeldingers. Und wie angenehm fällt es da auf, dass ihr wohlschmeckendes Repertoire nicht nur ein hehres Fachpublikum überzeugt, sondern sich zugleich auch durch ein überaus kundenfreundliches Preis-Leistungs-Verhältnis auszeichnet! Die Wiege außergewöhnlicher Weine steht im Weinberg. Entblätterung

WEINGUT FRIEDER DREISSIGACKER

Weingut Frieder Dreißigacker

Untere Klinggasse 4–6
67595 Bechtheim

Telefon 0 62 42 / 24 25
Telefax 0 62 42 / 63 81

Im Weingut der Familie Dreißigacker in Bechtheim – unweit der weit über die Grenzen der Region hinaus bekannten Basilika – gehen preisgekrönte, hochwertige Weine und eine authentische rheinhessische Küche eine reizvolle Verbindung ein, die den Besuch bei der sympathischen Winzerfamilie zum reizvollen Ziel der Kulinarischen Entdeckungsreise macht.

Seit mehr als 25 Jahren liegen die Geschicke des Hauses in den Händen von Ute und Frieder Dreißigacker. Die Qualitätskriterien »Klasse statt Masse«, Tradition vereint mit modernster Technik, schonende Vinifikation sowie ein sortentypischer Ausbau aller Rebsorten sind hier eine Selbstverständlichkeit, die der Erwähnung eigentlich gar nicht mehr bedürfen.

Auf 18 ha Rebfläche wachsen vor allem die klassischen Rheinhessen wie Riesling, Silvaner sowie Chardonnay, Weiß- und Grauburgunder. Doch auch der Rotwein spielt eine bedeutende Rolle und ist mit Spätburgunder, Portugieser, Dornfelder,

St. Laurent und Schwarzriesling vertreten. Während Vater Frieder seine langjährigen Erfahrungen draußen im Weinberg umsetzt, übernimmt Sohn Christian Dreißigacker als ausgebildeter Winzermeister die ebenso bedeutsame Arbeit im Keller. Und auch Bruder Jochen, zur Zeit noch Weinbaustudent, bringt seine Ideen mit ein; zum Beispiel den »First Cuvée No.1«, eine edle Komposition aus weißen Burgunderweinen, die er gemeinsam mit drei weiteren weinbegeisterten Jungwinzern entwickelt hat.

Unter dem Prädikat »Selektion Dreißigacker« werden Weine präsentiert, die durch gezielte Ausdünnung, Entblätterung und selektive Handlese sowie gezügelte Vergärung besonders intensive Aromen entwickeln. Der Spätburgunder Auslese reift sogar 33 Monate im Barriquefass, bis er »zum Genuss freigegeben« wird.

Zu Recht blicken Frieder und Ute Dreißigacker mit Stolz auf ihr traditionsreiches Weingut, das gemeinsam mit der nächsten

Art, zu verdanken.

Zu den Spezialitäten gehören die gebratene Wildschweinblutwurst mit Apfelscheiben und Rote-Beete-Salat, der Käseteller mit Spundekäs, Weichekäs und Handkäs sowie der knusprige Rieslingschinken, der mit Krautsalat serviert wird. Auch für ihr Rumpsteak ist Ute Dreißigacker weithin bekannt.

Feine Weine und kulinarische Spezialitäten stehen auch bei den kulinarischen Weinproben, anlässlich der Weinprobiertage und beim Hoffest im August im Mittelpunkt. Den Jahres-Abschluss bildet der stimmungsvolle Weihnachtsmarkt auf dem Winzerhof, mit Wildgulasch aus der Gulaschkanone und Glühwein nach Winzerinnenart.

Und die drei gemütlichen Gästezimmer des Hauses ermöglichen es den Besuchern, den Aufenthalt im Weingut Dreißigacker auf angenehme Art zu verlängern.

Generation auf dem richtigen Weg in eine erfolgreiche Zukunft ist.

Kein Wunder also, dass die engagierte Winzerfamilie in den vergangenen Jahren für ihre unermüdliche Bereitschaft, ihr Angebot zu optimieren, mit einer stattlichen Anzahl an Auszeichnungen und Prädikaten belohnt wurde, die nun neben den treuen Stammkunden auch neue weinkundige Gäste nach Bechtheim locken.

Die warme und echte Herzlichkeit der Winzerfamilie lässt sich besonders von Mai bis Juli genießen, wenn die hauseigene Straußwirtschaft von Donnerstag bis Sonntag sowie an Feiertagen ihre Tore öffnet. Ute Dreißigacker bietet ihren Gästen eine traditionelle rheinhessische Küche und greift dabei sogar auf alte Rezepte ihrer Großmutter zurück. Stets auf der Suche nach genussvollen Gerichten, bei denen der Wein natürlich häufig die Hauptrolle spielt, sind ihrem Einfallsreichtum Köstlichkeiten wie marinierter Tafelspitz oder roher Schinken, eingelegt nach rheinhessischer

RESTAURANT WEINKASTELL

Restaurant Weinkastell

Auf dem Kloppberg
67596 Dittelsheim-Hessloch

Telefon 0 62 44 / 5 71 11
Telefax 0 62 44 / 5 73 88

Ruhetage: Montag, Dienstag

Der weithin sichtbare Kloppberg nimmt mit seinen knapp 300 Höhenmetern eine im wahrsten Sinne des Wortes "herausragende" Stellung in der Region ein. Da trifft es sich vortrefflich, dass man auf der höchsten Erhebung Rheinhessens auch ein kulinarisches Angebot findet, das zum Besuch einlädt. Das imposante Weinkastell – das zwar keine alte Wehranlage zum Vorbild hat, sich aber mit seinem Mantel aus Sandstein und einer Haube aus Kupfer trotzdem recht trutzig auf der Anhöhe erstreckt – unter der Leitung von Kornelia Deheck bietet eine regionale, bodenständige Küche und dazu Weine aus dem familieneigenen Weingut, das sich ebenfalls in unmittelbarer Nähe an den imposanten Kloppberg schmiegt.

Bei gutem Wetter reicht der eindrucksvolle Blick von der schönen Terrasse weit ins Land, und auch das Restaurant selbst gestattet mit seinen umgebenden Glasfronten viele Panoramablicke.

Das bewusst breit angelegte Speisenangebot richtet sich nach den Vorgaben der Saison und greift von Spargel über Pilze bis zu Wild und Gans den jahreszeitlichen Warenkorb ideenreich auf. Von rheinhessischer Kartoffelsuppe mit Speck und rustikaler Schnitzelplatte über das obligatorische Rumpsteak bis hin zu Kalbsrückensteak mit Morchelrahmsauce, Pommes dauphines und Gemüse oder edlen Hummerkrabben in Champagner-Kaviarsauce reicht die abwechslungsreiche Auswahl. Am 1. Sonntag im Monat wird ein großes Lunch-Buffet aufgetischt und die Freitag- und Samstagabende werden zur lukulli-

schen Bühne für romantische Candlelight-Dinner: Das 5-gängige Menü wird von einem Aperitif sowie Kaffee und Digestif umrahmt und auch eine passende Flasche Wein gehört zum Angebot.

Wer zur kulinarischen Weinprobe auf den Kloppberg kommt, erlebt die Fusion von Küche und Keller des Hauses Deheck, wenn sich sieben ausgesuchte Gänge mit darauf abgestimmten Weinen zum Rendezvous treffen.

Das renommierte Weingut der Familie, deren Weinbaugeschichte bereits vor 300 Jahren begann, liegt in den erfahrenen Händen von Winzermeister Karl-Peter und Sohn Peter Deheck. Die Symbiose aus Erfahrung, Tradition und Fortschritt treiben das Weingut voran und haben es auch im internationalen Markt gut positioniert und

ihm zahlreiche nationale sowie europäische Auszeichnungen beschert.

Die Weine selbst verweisen mit aller Deutlichkeit auf ihre Heimat Rheinhessen. Die Dehecks achten sorgfältig darauf, einer jeden Rebsorte das bestmögliche Terroir zu ermöglichen, so dass sich die Rebflächen nicht nur auf den Wonnegau, sondern auch auf andere berühmte Lagen Rheinhessens erstrecken. So vermögen es die Weine, ein vielfältiges Bild ihres Jahrgangs und ihres Aromenspektrums zu zeichnen, und sie stellen eindrucksvoll unter Beweis, welch unterschiedliche Qualitäten Rebsorten hervorbringen können. Kunstvoll gestaltete Etiketten verleihen den feinen Kreszenzen eine würdige Verpackung. Die "Impressionen" bewahren edle Spät- und Auslesen, hinter "Lignus" (= lat. Holz) ver-

bergen sich im Barrieque-Fass gereifter Dornfelder, Spätburgunder und Chardonnay. "Akt"-Fotos verhüllen leichte, fruchtintensive Weißweine. Und als "Duett" bieten sich anspruchsvolle Rot- und Weißweine dem Gaumen als ideale Ergänzung zu kulinarischen Köstlichkeiten an, zugleich steht diese Serie für das perfekt eingespielte Duett von Vater und Sohn. So wird jeder Deheck'sche Wein ein Genuss für alle Sinne. Dies weiß auch die Diözese Fritzlar zu schätzen, die Karl-Peter Deheck vor einigen Jahren zu ihrem offiziellen Messwein-Lieferanten ernannte – eine Ehre für den Winzer, aber auch für den edlen Wein aus dem Wonnegau!

FRÜHES RHEINHESSEN

Rheinhessen ist ein wahres Paradies für Paläontologen. Die ersten Menschen siedelten in der Steinzeit in der Region, doch die interessantesten Funde sind bereits mehrere Millionen Jahre alt und stammen aus einer Zeit, als dieses Fleckchen Erde noch von Meer bedeckt war. Gesteinsformationen wie der Rote Hang in Nierstein oder das Brandungskliff bei Eckelsheim geben ein eindrucksvolles Zeugnis für die Metamorphose dieses Landstrichs.

Nicht selten entdecken die Winzer bei der Arbeit im Weinberg Walzähne, Muscheln und Schnecken, versteinerte Insekten und Korallen. Ganze Austernbänke und sogar Überreste von Seekühen wurden gefunden. Das maritime Klima wechselte sich mit Trockenperioden ab. Die in Nierstein frei gelegten "Fährtenplatten" zeigen die ältesten Insektenspuren Europas: Fußabdrücke von Libellenlarven, Wasserkäfern und anderen Insekten, die hier am Rand eines Sees lebten.

Die kleine Gemeinde Eppelsheim ist der spektakulärste Fundort in Rheinhessen. Neben Spuren von Nashörnern, Urpferden, Säbelzahntigern und so genannten Bären-

hunden barg man 1820 den Oberschenkelknochen eines Menschenaffen, des "Eppelsheimer Femur", auch weitere Zahnfunde belegen, dass es hierzulande mal Primaten gegeben hat.

1835 erlebte die Gemeinde ihre größte Entdeckung: Man fand den riesigen Schädel eines Dinotherium giganteum, mit einer Höhe von 3,50 m und riesigen nach unten gebogenen Stoßzähnen ein wahrlich imposanter Verwandter des Elefanten. Ein Abguss ist im Dinotherium-Museum in Eppelsheim zu bestaunen.

WEINGUT MANKEL

Hochborn ist mit 290 Höhenmetern Rheinhessens höchstgelegene Gemeinde. An den sonnigen Hängen dieses Hochplateaus erstrecken sich die Weinberge des Weinguts Mankel, die auf so prominenten Lagen wie dem Bechtheimer Heiligkreuz, Westhofener Morstein, Monzernheimer Goldberg und Gundersheimer Höllenbrand fruchtig-spritzige Weißweine sowie samtige und stoffige Rotweine hervorbringen. Der Diplom-Ingenieur für Önologie Herwarth Mankel, der im Familienbetrieb von Ehefrau Carmen, den beiden Kindern Tobias und Kerstin sowie Mutter Rosemarie tatkräftig unterstützt wird, weiß eine über Generationen gewachsene Weinbautradition mit einer zeitgemäßen, modernen Betriebsführung zu vereinen.

Den Blick über den Wonnegau hinaus beherrscht man im Hause Mankel schon seit jeher. Bereits seit vier Generationen wird der Wein in der Flasche verkauft und seit den 90er Jahren zählen Weinkenner in England und den USA zu den Kunden des Hauses.

Der Rotweinanteil nimmt im ohnehin umfangreichen Rebsortenangebot traditionell eine gewichtige Rolle ein.

Zur Weinprobe nehmen die Gäste in der rustikalen, mit vielen weinigen Accessoires bestückten Weinprobierstube Platz. Auf Wunsch kann die Verkostung mit einem zünftigen Winzerschmaus, der Besichtigung der großen Fasskeller, allen voran dem sehenswerten Holzfasskeller, oder einer Rundfahrt durch die Weinberge verbunden werden.

Weingut Mankel

Langgasse 10
55234 Hochborn

Telefon 0 67 35 / 399
Telefax 0 67 35 / 960 310

WEINGUT LIEBENAUER HOF

(nein, er ist nicht verwandt mit dem Autor von "Winnetou"!) und seine Frau Irmtraud in 5. Generation den Familienbetrieb, die Söhne Peter und Fritz, die sich beruflich bereits dem Wein verschrieben haben, sowie Tochter Carolin unterstützen die Eltern tatkräftig.

Die fruchtbaren, nährstoffreichen Böden und sonnigen Hänge des Wonnegaus bescheren dem Weingut charakterstarke, authentische Weine von eleganter, aromenreicher Präsenz. Neben den Königsdisziplinen Riesling und Spätburgunder behauptet sich auch die hierzulande selten anzutreffende Variante des Frühburgunders erfolgreich im Sortiment, Dornfelder und Portugieser ergänzen das rote Angebot, das breit angelegte Weißweinspektrum umfasst neben den klassischen Burgundersorten, Silvaner, Scheurebe und Kerner auch Sieger-, Faber- und Huxelrebe.

Im Keller vereinen sich modernste, computergesteuerte Technik und imposante Edelstahltanks mit einer stattlichen Anzahl an

**Weingut Liebenauer Hof
Fritz und Karl May**

Ludwig-Schwamb-Straße 22
67574 Osthofen

Telefon 0 62 42 / 23 56
Telefax 0 62 42 / 36 90

Der Liebenauer Hof in Osthofen, Heimat des Weingutes Fritz und Karl May, bietet mit seiner rosen- und weinbewachsenen Fachwerkfassade und der farbenprächtigen Blumenpracht im schönen Innenhof einen wirklich pittoresken Anblick. Als besondere optische Zugabe entführt ein mit Antiquitäten bestückter kleiner Ausstellungsraum in die Vergangenheit des historischen Anwesens, dessen Geschichte vor knapp 700 Jahren begann.

Im Jahre 1309 übereignete das Ehepaar Hollerbaumer den Hof zur Sicherung ihres Seelenheils dem Dominikanerkloster Liebenau in Worms, das Siegel der Schenkungsurkunde findet sich heute auf den Flaschenetiketten wieder. Das Fachwerkhaus wurde 1714 erbaut und gehört damit zu den ältesten Gebäuden der Region. 100 Jahre später erwarb Familie May das Anwesen und begründete eine bis heute währende Weinbautradition.

Seit 1975 führen Winzermeister Karl May

formschönen Barrieque-Fässern, die den Weg zur Schatzkammer des Weingutes flankieren. Besonders für jene edlen Gewächse, die sich in den kleinen, hellen Eichenholzfässern zur Ruhe betten, sowie für ihre edelsüßen Kostbarkeiten ernten die Mays regelmäßig anspruchsvolle Preise bei landes- und bundesweiten Prämierungen. Diese Auszeichnungen und eine stete Kundentreue sind der Lohn für die zeit- und arbeitsintensiven Bemühungen des Winzermeisters. Im Weinberg kümmert sich Karl May durch ertragsreduzierenden Rebschnitt um beste Voraussetzungen für kräftige, gehaltvolle Trauben. Im Keller schließlich braucht es eine gute Nase und einen sensiblen Gaumen, viel Erfahrung und Know-how, um die Weine so zu vinifizieren, dass sie im anspruchsvollen nationalen Vergleich bestehen können.

Gleich mehrere Ereignisse im Jahr geben die Gelegenheit zur Verkostung der May'schen Weine. Bei der "Osthofener Weinhock" lädt das Weingut zum fröhlichen Weinfest mit Live-Musik, Weinverkostung im Holzfasskeller und illustrer kulinarischer Begleitung.

Im Rahmen der "Einkehr beim Winzer", einer Aktion des Weinrings Osthofen, bei der die hiesigen Winzer von März bis Oktober am Wochenende abwechselnd ihre Höfe für Gäste öffnen, serviert Familie May rheinhessische Schmankerln zu den eigenen Weinen.

Besonders empfehlenswert ist auch eine geführte Weinbergswanderung zu einem der wunderschönen Osthofener Weinbergshäuschen, an dem bereits ein gutes Glas Wein vom Liebenauer Hof auf die Wanderer wartet.

Tipp: In der hauseigenen Weingutszeitung berichtet die Familie über die Entwicklung des Weingutes, Auszeichnungen und Veranstaltungen sowie Wissenswertes rund um den Rebensaft. Eine kreative Idee, die einmal mehr zeigt, mit wie viel Engagement das sympathische Familienquintett mit und für den Wein lebt.

WEINGASTHOF ZUM WEIßEN ROSS

Weingasthof
Zum Weißen Ross

Friedrich-Ebert-Straße 50
67574 Osthofen

Telefon 0 62 42 / 9 11 41 - 0
Telefax 0 62 42 / 9 11 41 - 99

Ruhetag: Dienstagabend

Das weiße Ross bäumt sich erwartungsvoll auf, als wolle es den Gast im gemütlichen Weingasthof im Herzen Osthofens begrüßen. Es verweist auf die gastliche Vergangenheit des Hauses, das schon im 16. Jahrhundert als Thurn- und Taxis'sche Poststation diente, deren Kutscher ausschließlich weiße Pferde anspannten! Heute erwartet Sie eine familiär geprägte, herzliche Gastfreundschaft in entspannter Atmosphäre und eine fantasievolle, frische Küche. Edith und Sohn Axel Müller führen das Haus mit dem Anspruch, hohe Qualität, feine Tischkultur und eine Kreativküche, die alle Sinne anspricht, zu verbinden. Ein faires Preis-Leistungs-Verhältnis und üppige Portionen schließen sich dabei nicht aus.

Außerdem haben sie ein Konzept etabliert, das weder auf den traditionellen Stammtisch noch auf ein zeitgemäß-modernes Ambiente verzichtet. Das weiße Ross auf kaminrotem Grund ist ein Motiv, dem der Gast im Restaurant sowie in der Speise-

karte immer wieder begegnet. Der zweite Gastraum wird jedes Jahr in einer neuen Farbe gestaltet und ein Raum im Landhaus-Stil steht für Feierlichkeiten zur Verfügung.

Bei warmen Temperaturen nimmt man im Open-Air-Restaurant Platz, das mit duftenden Kräutern und einem mächtigen Blauglockenbaum aufwarten kann, der im Mai seine azurne Pracht verbreitet.

Das Mahl wird als kommunikativer und essenzieller Teil des Alltags verstanden, bei dem die Geschmacksnerven ein echtes Aromen-Feuerwerk erleben sollen. Die Gerichte werden in Bezug auf die aktuelle Jahreszeit komponiert und präsentieren sich alle als passender Begleiter zum Wein – es werden rund 30 offene Positionen aus Rheinhessen sowie einem weinsinnigen Gastland angeboten.

So zeigt sich die Riesling Kastanien-Suppe mit Käsehaube, das Schnitzel Melibokus kommt mit Kochkäse überbacken daher, die Schweinelende Rheinhessen bettet sich

SCHWEINEMEDAILLONS WEINGASTHOF

Zutaten

800 g Schweinefilet, in Medaillons
geschnitten
4 Tomaten, in Scheiben geschnitten
2 Pck. Mozzarella
Basilikum
Salz, Pfeffer, Paprika
Olivenöl
800 ml Sahne
0,8 l Rot- oder Weißwein

Zubereitung

Schweinemedaillons von beiden Seiten
gut in Olivenöl anbraten, dann mit

Salz, Pfeffer und Paprika würzen.
Herausnehmen und auf einen ofenfes-
ten Teller legen, mit den Tomaten-
scheiben belegen.
Pfeffern und mit Basilikum belegen.
Mozzarella in Scheiben schneiden, auf
die Medaillons geben und bei 200 °C
ca. 10 Minuten überbacken.
Inzwischen den Bratensaft mit dem
Wein ablöschen und mit der Sahne
aufgießen, nach Geschmack würzen
und mit einer klassischen Mehl-
schwitze zur Rahmsauce abbinden.
Die Sauce nun um die Medaillons gießen und mit Salat ausgarnieren. Dazu
passen Spätzle.

auf Secco-Kräutersauce, gekrönt von
Tomatenwürfeln und Pfefferparmesan mit
Spätzle, während das Rumpsteak Sumatra
sich mit fruchtiger Maracujasauce umgibt
und die süßen Kartoffelknödel sich mit
Zwetschgenragout und Vanillesauce vereinen.
Jeden Monat greift ein Menü ein kulinarisches Thema, z. B. Orangen, Tomaten, Fenchel oder Salzwiesenlamm, abwechslungsreich auf, hinzu kommen mediterrane
Buffets und Grillabende.
Am 2. Sonntag im Monat gibt's im Weißen
Ross ein umfangreiches Brunch-Buffet, das
auch zwei warme Gerichte beinhaltet.
Da der idyllische Weingasthof auch über
acht hübsche Zimmer verfügt, kann man
sich auch ein ganzes Wochenende mit
interessanten Ausflügen, abwechslungsreichen Menüs und sowie einem Sektfrühstück verwöhnen lassen.

Weingut K. F. Groebe

beruhende Arbeitsweise. Auf gut 7 ha Rebfläche gedeihen vor allem Riesling, daneben Burgunder und Silvaner. Die mineralische, eher karge Bodenstruktur, vor rauen Winden geschützte Südhänge, zahlreiche Sonnenstunden und das günstige Mikroklima des Wonnegaus sind die Basis großer Weine.

Die Ansiedlung von Wildkräutern im Weinberg, konsequenter Rebschnitt und der Verzicht auf mineralische Düngung sind Groebe als Gründungsmitglied des Vereins "Kontrolliert umweltschonender Weinbau" besonders wichtig, auch deshalb, weil er sich in der Verantwortung für den behutsamen Umgang mit seinen z. T. seit 250 Jahren in Familienbesitz befindlichen Weinbergen sieht. Im Herbst werden die Trauben selektiv per Hand gelesen, danach vergären und reifen sie ausschließlich im Eichenfass. So entstehen Weine mit einem stabilen, langlebigen Wesen, die mit zunehmendem Alter an Profil und Mineralik gewinnen.

Durch die Mitgliedschaft im Verband deutscher Prädikatsweingüter unterwirft sich das Weingut freiwillig strengsten Qualitätsmaßstäben, die alle Weine in Kategorien unterteilt. Die Basis bilden Gutsweine, gefolgt von der mengenmäßig

**Weingut K. F. Groebe /
VinoGalerie**

Bahnhofstraße 68 - 70
64584 Biebesheim am Rhein

Weingutsbetrieb: Mainzer Straße 18
67593 Westhofen

Telefon 0 62 58 / 67 21
Telefax 0 62 58 / 8 16 02

Die Weinphilosophie des renommierten Weinguts K. F. Groebe, das längst im Olymp der deutschen Spitzenweingüter angekommen ist, erklärt sich ebenso schlicht wie komplex: Höchste Qualität ist unser Ziel! Der Weg dorthin wird geprägt von Spitzenlagen mit herausragendem Terroir, viel Erfahrung, Intuition sowie einem großen Maß an kunstsinnigem Weinverstand, der große Weine hervorzubringen versteht.

In der Person von Dipl. Ing. Önologe Friedrich Groebe vereinen sich all diese Voraussetzungen einem harmonischen Ganzen. "Guter Wein benötigt Philosophie und handwerkliche Kunst, nicht Technologie", beschreibt er seine auf alten Traditionen

Hier bietet die schöne VinoGalerie den erlesenen Kreszenzen eine adäquate Plattform und ist zugleich reizvolle Bühne für wechselnde Ausstellungen und weinige Veranstaltungen, die Ehefrau Manuela Groebe mit viel Kreativität entwickelt.

An beiden Standorten finden im Jahresverlauf eine Reihe von kunstsinnigen Events vom Open-Air-Theaterabend über klassischen Gesang im Weinkeller bis zum geselligen Kelterhaus-Fest statt. Thematisch orientierte Weinproben zeigen die kulinarisch interessante Verbindungen zu Spargel, Schokolade oder Wasser genussvoll auf. Des Weiteren ergänzen Laternenwanderungen, rustikale Buffets, gestaltet von der familieneigenen Metzgerei, Grillabende und Picknicks im Weinberg oder eine Besichtigung des historischen Weinkellers mit Vesper und Weinprobe das Programm des Hauses.

Kunst und Wein – ein genussvolles Paar, das sich im Weingut K. F. Groebe in mehr als einer Weise illuster trifft und gemeinsam zu einer Symbiose verschmilzt, die alle Sinne zu verwöhnen weiß.

größten Gruppe der Ortsweine, die, auf Westhofener Lagen gewachsen, vom Qualitätswein bis zur Auslese reichen, aber nicht den Rang der Spitzengruppe erreichen, die allein durch ihre Lagenbezeichnung – Westhofen Aulerde und Kirchspiel – Auskunft über ihre Wertigkeit geben.

Diese Lagenweine werden allein von König Riesling bestimmt. Mit geringsten Erträgen aus mindestens 15 Jahre alten Rebstöcken

beweist Friedrich Groebe, der sich selbst als "Kunsthandwerker" sieht, sein ganzes Können und bringt filigrane Kunstwerke hervor, die sich im internationalen Vergleich aufs Beste zu behaupten wissen. Während die Weinberge sowie der historische Fasskeller im rheinhessischen Westhofen zu finden sind, wo das Weingut 1625 gegründet wurde, lebt die Familie selbst im hessischen Biebesheim.

Ob Kerwetanz, Faschingsball oder Familienfest – zahlreiche Mörstädter und Gäste der Gemeinde haben hier schon manch vergnügliche Stunde verbracht.

So zeigt sich auch die Küche, die Erika Kessel ihren Gästen serviert, ganz mit der Landschaft und seinen Menschen verbunden: regional verhaftet, mit jahreszeitlich abgestimmten Gerichten, die sich den hauseigenen Weinen harmonisch anpassen und nicht zuletzt den Wein selbst als wichtige Zutat variantenreich aufnehmen.

Im Jahr 1996 wurden die beiden Scheunen über dem alten Gewölbekeller zu einem modernen Gästehaus mit zehn Zimmern, zwei Appartements und zwei Ferienwohnungen ausgebaut. Hier finden Familien mit Kindern ebenso wie Kurzurlauber, die Rheinhessen per pedes oder mit dem Rad erkunden, ein gemütliches Zuhause auf Zeit. Die Zimmer, z. T. mit Balkon oder Terrasse ausgestattet, öffnen sich zum Garten hin, der mit Liegewiese, Teich und einem plätschernden Bachlauf zum Entspannen einlädt.

Winzer Hans Kessel bietet seinen Kunden eine Vielzahl von Rot- und Weißweinen, die man sämtlich im Restaurant sowie bei gemütlichen Weinproben verkosten kann. Außerdem besteht die Möglichkeit, die Köstlichkeiten aus Küche und Keller des Hauses bei einer kulinarischen Weinprobe – bei der ein erlesenes Menü mit korrespondierenden Weinen serviert wird – zu erkunden.

Getreu dem Motto "dem Winzer über die Schulter schauen" kann man die Kessels im Herbst bei der Lese begleiten und alle Schritte von der Traubenernte über das Keltern bis zum Genuss des ersten Federweißen hautnah miterleben. Sohn Michael, seines Zeichens Winzermeister, steht Hans Kessel im Weinberg und Keller zur Seite und bringt neben traditionellen Methoden auch modernes Know-how mit ein. Sohn Jochen beginnt gerade seine Winzerlehre, und auch die beiden Töchter Andrea, Hotelfachfrau, und Laura helfen ideenreich und tatkräftig im Familienbetrieb mit.

**Winzerhotel, Gasthaus &
Weingut Zum Saalbau**

Langgasse 30
67591 Mörstadt

Telefon 0 62 47 / 377
Telefax 0 62 47 / 10 67

Ruhetag: Montag

In einer so weinsinnigen Region wie dem Wonnegau treffen rheinhessische Gastlichkeit, regional verwurzelte Speisen und die typischen Weine dieses Landstriches des Öfteren aufeinander – ganz im Sinne eines erholsamen und genussvollen Urlaubs in Rheinhessen.

Ein gutes Beispiel dafür ist das Winzerhotel, Gasthaus und Weingut "Zum Saalbau" in Mörstadt. Schon seit 1863 ist das weitläufige Areal des heutigen Familienweingutes, das gemütliche Gasthaus mit Festsaal sowie das moderne Gästehaus mit seinem blumenumrankten Innenhof und dem romantisch angelegten Garten in den Händen der Familie Kinges-Kessel und hat sich längst als wichtige gastronomische Institution der kleinen Gemeinde etabliert.

Mörstadt

Rumpsteak mit Pfeffer-Rahmsauce

Zutaten

4 Rumpsteaks
Öl
1 Zwiebel
Butter
6 EL Riesling
1 TL Senf
1 TL grüne Pfefferkörner
150 g Crème fraîche
gekörnte Brühe
Pfeffer, Salz

Zubereitung

Rumpsteak in heißem Öl beidseitig je nach gewünschtem Garpunkt kurz braten.
Für die Sauce die Zwiebel in feine Würfel schneiden und in Butter andünsten. Riesling, Senf, grüne Pfefferkörner und Crème fraîche dazugeben und mit dem Zauberstab aufmixen. Mit einer Messerspitze gekörnter Brühe sowie Salz und Pfeffer abschmecken. Über die Rumpsteaks geben. Dazu serviert man im Gasthaus "Zum Saalbau" Rösti und ein Bohnen-Bouquet.

WEIN- & SEKTMANUFAKTUR BATTENFELDSPANIER

Dies ist die Heimat eines Weingutes, das sich selbstbewusst Wein- und Sektmanufaktur nennt und damit auf eine zeitintensive, arbeitsaufwändige und durch viel Handarbeit und Hingabe geprägte Herstellung von hochwertigen Weinen und Sekten verweist.

Gerade mal Anfang 30 ist Winzer Hans Oliver Spanier und doch trägt er bereits seit über 10 Jahren die Verantwortung für das elterliche Weingut, das 1997 durch den Zusammenschluss mit dem benachbarten Weingut Battenfeld erweitert wurde.

Die 18 ha umfassenden Rebflächen in besten Lagen rund um Hohen-Sülzen bewirtschaftet er nach den strengen Richtlinien des Ecovin-Verbandes, der sich für einen konsequent ökologischen Weinbau ausspricht. Im Einklang mit der Natur wird dem Boden das Beste entlockt, was er zu bieten hat. So entstehen große Weine, die von einem harmonischen Terroir geprägt sind.

Die in Rheinhessen ja sehr weit verbreitete Ertragsreduzierung in Sinne hochwertiger Trauben wird hier so ernst genommen, dass ihr zwei Drittel der Trauben zum Opfer fallen. So entwickeln die verbleibenden, ausschließlich per Hand gelesenen Trauben ein enormes Kraftpotenzial, dem man im Keller seine freie Entfaltung lässt. Auch hier gilt die Maxime: begrenzte Einflussnahme durch den Menschen, schonende Filtration, gekühlte Vergärung, behutsamer Ausbau und ungestörte Reifezeiten.

So werden tiefe, filigrane Weine geboren, die mit ihren vielfältigen Aromen zu begeistern wissen und die deutliche Handschrift des engagierten Winzers und seiner Heimat tragen.

Der große Erfolg dieser edlen Tropfen liegt vor allem in einer einzigartigen, ausgefeilten Weinkomposition. Seine Philosophie beschreibt Spanier schlicht, aber treffend mit "Best of Terrain", was übersetzt heißt: Im Weingut BattenfeldSpanier findet sich nur die Elite in der Flasche wieder. Statt hochwertiger, ausgefeilter Lagenweine werden exquisite Rebsortenweine aus den

Wein- & Sektmanufaktur BattenfeldSpanier

Bahnhofstraße 33
67591 Hohen-Sülzen

Telefon 0 62 43 / 90 65 15
Telefax 0 62 43 / 90 65 29

Hohen-Sülzen liegt am südlichsten Ende Rheinhessens, einem sonnigen Landstrich, in dem der Wonnegau sich gleich in die Pfalz verabschiedet und mit seinen fruchtbaren Löß- und Lehmböden gehaltvolle, mineralische Kreszenzen zu gebären vermag.

besten Gewächsen verschiedener Lagen komponiert. So werden z. B. aus insgesamt acht Rieslinglagen nur die besten drei oder vier Weine für die Vinifikation auserwählt! Da verwundert es nicht, dass das Weingut mit Preisen wie "BEST of Riesling" oder "ECO Winner" und der Aufnahme in die Selection Rheinhessen belohnt wurde. Neben der Spitzengastronomie des Landes gehen die Weine in der Hauptsache an den Weinfachhandel. Der Riesling, erklärter Favorit Spaniers, stellt den größten Anteil,

daneben werden vor allem Spät- und Weißburgunder, Silvaner, Chardonnay und Portugieser angeboten.

Besondere Beachtung verdient auch der edle Winzersekt, der ob seiner aufwändigen Herstellung den Vergleich mit seinem Pendant in der Champagne nicht zu scheuen braucht. Mit dem Anspruch, "das Außergewöhnliche zum Standard zu erheben", kreierte Spanier seinen Winzersekt "Cuvet von Pinot". So manche Hand wird hier angelegt, bis die moussierende Köstlichkeit

nach vielen Monaten ordentlich durchgerüttelt seine Perfektion erreicht hat. Als Spaniolo präsentiert sich eine leicht-spritzige Köstlichkeit, die sich als rheinhessische Antwort auf den italienischen Prosecco versteht.

Ausgezeichnete Weine, erlesene Sekte – in der Wein- & Sektmanufaktur Battenfeld-Spanier versteht man sich auf die Kunst des Weinmachens und die Kreation von außergewöhnlichen Kreszenzen, die alle Sinne zu begeistern wissen.

Drei große Themen prägen Worms, die älteste Stadt Deutschlands und einstmals bedeutendes Machtzentrum für Kaiser und Könige, in vielfältiger Weise: die Burgunder und die Nibelungensage, die sich um sie rankt, der mächtige Dom im Herzen der Stadt und der große Reformator Martin Luther, der zu Kaiser Karl V. auf dem Reichstag 1521 die berühmten Worte sprach: "Hier stehe ich. Ich kann nicht anders. Gott helfe mir. Amen."

Auf eine erste Besiedlung in der Steinzeit folgten Kelten und Römer und schließlich auch die Burgunder, die jedoch von den Hunnen vernichtend geschlagen und vertrieben wurden – diese dramatischen Ereignisse im 5. Jh. bilden die Grundlage für das weltberühmte mittelalterliche Nibelungenlied. Das Hagendenkmal am Rhein (Hagen versenkt den Nibelungenschatz im Rhein), die monumentale Steintafel am "Haus zur Münze" (mit Nibelungenliedsammlung) mit "Siegfrieds Einzug" und der Siegfriedbrunnen erinnern an die tapferen Recken. Und nicht zuletzt bringen die prominent besetzten Nibelungenfestspiele jedes Jahr die alte Legende eindrucksvoll ins Bewusstsein zurück.

Der Kaiserdom St. Peter, erbaut auf den Resten einer römischen Basilika und eines fränkischen Vorgängerbaus, gehört neben dem Mainzer und dem Speyerer Dom zu den wichtigsten romanischen Sakralbauten am Rhein. Die doppelchörige, viertürmige romanische Basilika wurde zwischen 1125/30 und 1181 erbaut. Sehenswert sind das romanische Kaiserportal an der Nordseite, das Südportal mit reichem Figurenschmuck ("steinerne Bilderbibel") sowie die Nikolaus-Kapelle mit schönem Taufstein. Die romanische bis spätgotische Innenausstattung mit Steinbildwerken und Grabdenkmälern wird von dem prunkvollen barocken Hochaltar von Balthasar Neumann und einem Chorgestühl aus dem 18. Jh. ergänzt.

Bischof Burchard unterteilte Worms im 11. Jh. in vier Pfarrbezirke mit jeweils einem Kollegiatsstift – Dom-, Martins-, Paulus-

und Andreasstift –, deren Kirchen weitgehend erhalten sind.

Die Türme der romanischen Stiftskirche St. Paul tragen orientalisch anmutende Turmkappen, an die sich der Westbau mit Achteckkuppel anlehnt. Das Langhaus zeigt sich nach einem Brand barock.

Die romanische Pfeilerbasilika des Andreasstifts mit Kreuzgang und Stiftsgebäuden birgt das Städt. Museum (Vor- und Frühgeschichte, Römerzeit, Stadtentwicklung, Lutherzimmer). Die kath. Pfarrkirche St. Martin ist eine dreischiffige romanische Pfeilerbasilika mit Doppeltürmen und Rechteckchor aus der Wormser Schule.

Am Marktplatz finden sich die barocke ev. Dreifaltigkeitskirche, das neuzeitliche Rathaus und der Gerechtigkeitsbrunnen von 1788. Vom Markt zieht sich die Einkaufsmeile Kämmererstraße bis zur Judengasse

WORMS – NIBELUNGENSTADT MIT HERZ

mit der Synagoge (1034 erbaut, nach Zerstörung im 3. Reich 1959/61 wieder aufgebaut) und dem Raschi-Haus mit Jüdischem Museum (Exponate zur jüdischen Stadtgeschichte) und Stadtarchiv. Der "Heilige Sand" ist der älteste Judenfriedhof Europas mit über 2000 Grabsteinen.

Von den einst sieben Toren der mittelalterlichen Stadtmauer, die außerdem 27 Türme einschloss, sind das Raschi-Tor, der Bürger- und der Torturm (mit Nibelungenmuseum) erhalten geblieben.

Im Garten des barocken Heylshofs (im Inneren bedeutende Kunstsammlung) erinnert eine Reliefplatte an Luthers Worte, die er an dieser Stelle in der seit 1689 zerstörten Kaiser- und Bischofspfalz aussprach. Das weltweit größte Luther-Denkmal hinter dem historischen Obermarkt zeigt den

großen Reformator umgeben von weiteren Figuren der Reformationsgeschichte.

Am Rheinufer erhebt sich die spätgotische Liebfrauenkirche mit ihren imposanten, von Steinhelmen bekrönten Türmen idyllisch aus dem Liebfrauenberg, einst die Wiege der weltberühmten Liebfrauenmilch. Und der mächtige Brückenturm der Nibelungenbrücke mit Ecktürmchen und Blendbogen entbietet dem Reisenden einen letzten Gruß.

Gesellige Weinfeste, das Backfischfest und das Jazzfestival laden jedoch herzlich zum Wiederkommen ein.

Auch ein Abstecher in die Stadtteile lohnt: In Herrnsheim zur kath. Pfarrkirche St. Peter aus dem 15. Jh. mit Grabkapelle und -denkmälern der Herren von Dalberg (einst Stadtkämmerer von Worms) und zum

Empire-Schloss mit schönem Park; in Horchheim zur alten kath. Pfarrkirche aus dem 18. Jh. und der jüngeren Kirche Hl. Kreuz, einer Basilika mit asymmetrischer Fassade; in Hochheim zur Bergkirche mit romanischer Krypta; in Abenheim zur Klausenbergkapelle mitten in den Reben und schließlich nach Pfeddersheim mit seiner gut erhaltenen Stadtmauer mit zahlreichen Türmen, dem barocken Rathaus sowie den Kirchen aus dem 18. Jahrhundert.

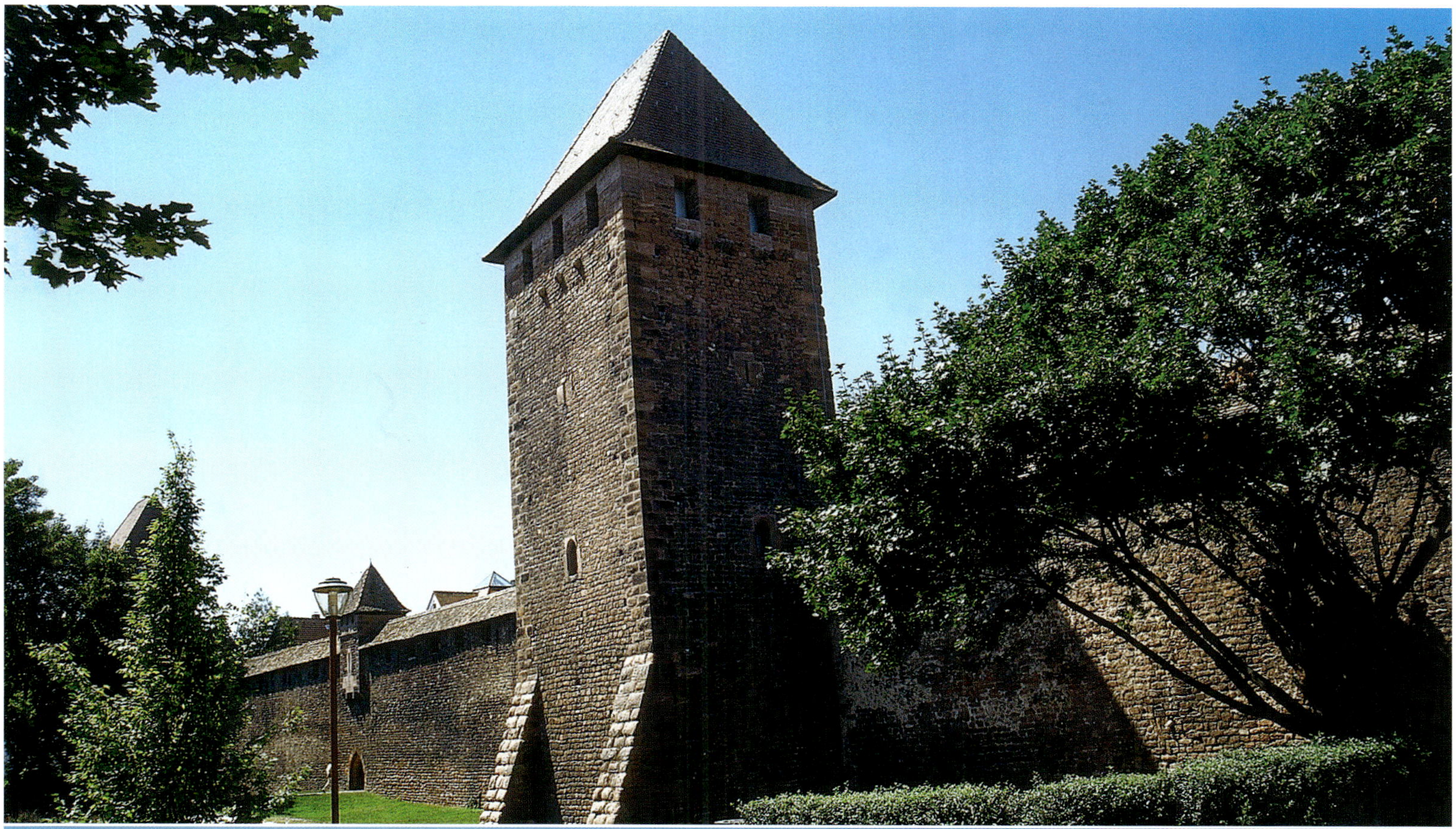

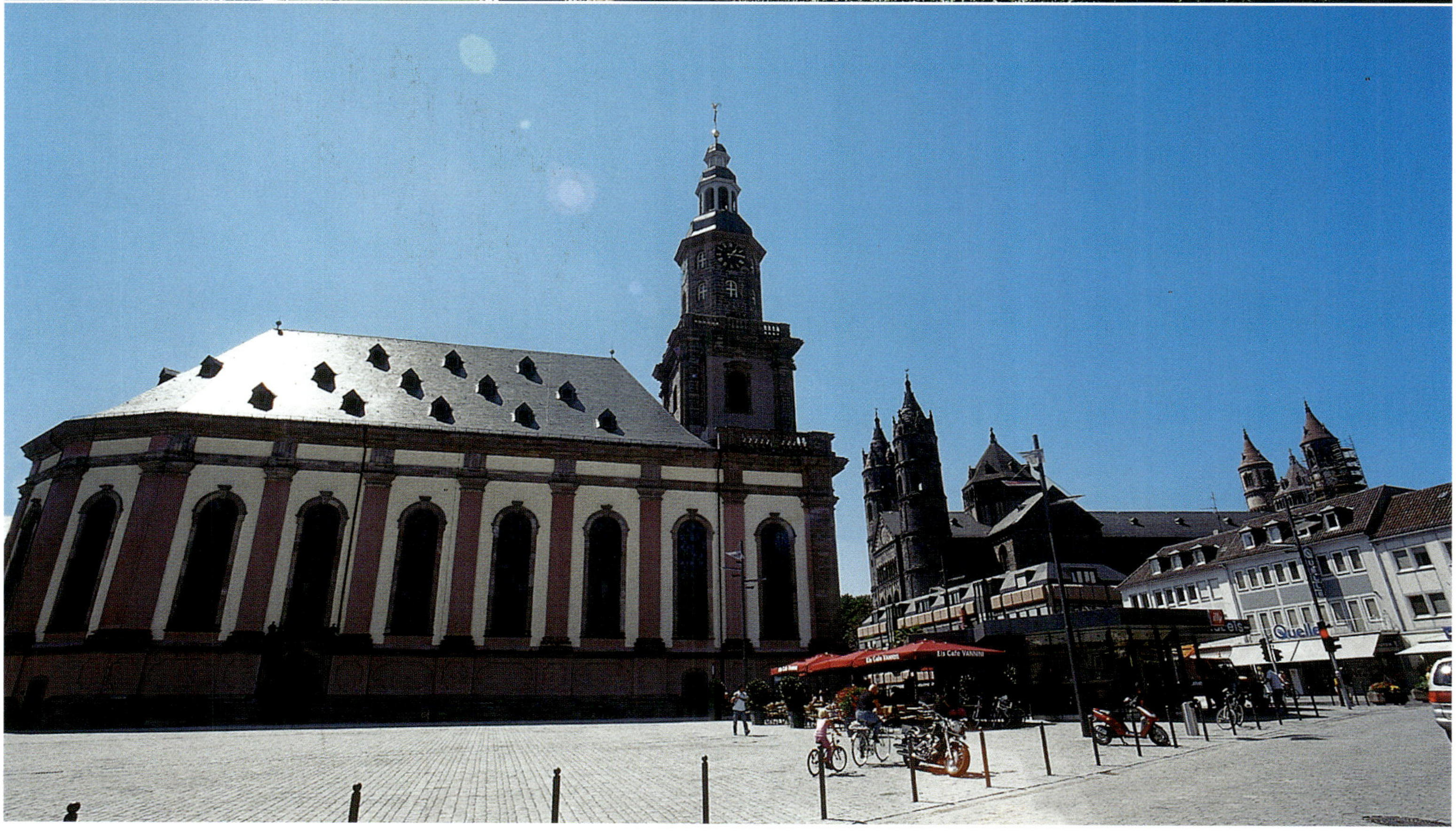

PARKHOTEL PRINZ CARL

Parkhotel Prinz Carl

Prinz-Carl-Anlage 10-14
67547 Worms

Telefon 0 62 41 / 308 - 0
Telefax 0 62 41 / 308 - 309

Ruhetag Restaurant:
Sonn- und Feiertag

Wo einst die Soldaten des 118. Infanterieregimentes strammen Schrittes durch das weitläufige Areal schritten, residieren heute Gäste aus aller Welt. Die prachtvolle und noch immer ein wenig militärisch streng anmutende Prinz-Carl-Anlage beherbergt seit Juni 2002 ein modernes, elegantes 4-Sterne-Hotel, in dem zwei imposante Gründerzeit-Gebäude zu einer harmonischen Einheit verschmelzen, die es vermag, die Architektur der Historie mit dem zeitgemäßen Flair einer anspruchsvol-

GESCHMORTE MAULBEERAULAMMSCHULTER MIT THYMIAN-AUSGESCHEPPTE

Zutaten

1 Lammschulter, ca. 1,2 kg
2 EL Butterschmalz
je 200 g Knollensellerie u. Karotten
400 g Zwiebellauch
2 EL Tomatenmark
0,5 l Rotwein
1,0 l Geflügelbrühe
1 Knoblauchzehe
Koriander-Samen, Thymian, Rosmarin
1 kg Kartoffeln, geschält
6 cl Olivenöl
60 g Butter
50 g Semmelbrösel
Salz, Pfeffer

Zubereitung

Lammschulter mit Butterschmalz bei großer Hitze rundum anbraten. Anschließend die Hitze reduzieren und gewürfeltes Gemüse zugeben. Tomatenmark zufügen und leicht anrösten.
Mit Rotwein und Geflügelbrühe auffüllen, kurz aufkochen lassen, abschäumen und abschließend Kräuter und Knoblauch dazugeben. Dann für ca. 90 Min. bei 120 °C in den vorgeheizten Ofen geben. Anschließend Lammschulter herausnehmen und warm stellen.
Die Sauce durch ein Sieb passieren und bis zur gewünschten Sämigkeit reduzieren. Kartoffeln im Dampfgareinsatz garen und im Ofen kurz abdämpfen. Mit einem Kartoffelstampfer unter der Zugabe von Olivenöl stampfen und mit Thymian, Salz und Pfeffer würzen. Mit einem Eisportionierer kleine Kugeln formen und mit Butter und Semmelbrösel abschmelzen. Dazu passen grüne Schnippelbohnen.

len Herberge zu verbinden. Wer hier nächtigt, dem stehen modern designte Zimmer, Studios und Suiten und des Weiteren ein Weinkeller sowie eine Bar für einen entspannten Aufenthalt zur Verfügung. Direktor Andreas Kani legt Wert darauf, seinen Gästen ein Wohlfühl-Ambiente zu bieten, das familiäre Gastlichkeit mit dem nötigen Maß an Luxus zu verbinden weiß. Dies trifft auch auf das Restaurant "Der kleine Prinz" zu, das auch viele Wormser anzieht, da es ob seiner frisch-kreativen Küche eine echte kulinarische Bereicherung für die Nibelungenstadt darstellt.
Küchenchef Andreas Heß, der in der Region einen sehr guten Namen genießt, bietet sowohl regionale als auch internationale Spezialitäten und variiert sie in vielfältiger und der Saison adäquat angepasster Weise. Die Speisenauswahl besticht durch ihre fantasievolle Fusion aus heimischen Produkten, die wenn möglich aus der nahen Region bezogen werden, und mediterranen Komponenten.
Frische, Leichtigkeit und produktbezogene Sorgfalt auf hohem Niveau – das sind die wichtigsten Ingredienzen seiner illustren Kreationen.

Da bettet sich die sanft geschmorte Schulter vom Maulbeeraulamm auf ein Ragout von Bohnen, das Schwertfischcarpaccio trifft sich mit Tomaten-Glasnudelgelee und der heimische Kohlrabi findet sich als köstliche Schaumsuppe mit Flusskrebsen wieder. Und zum krönenden Finale nach so himmlischen Desserts wie Erdbeerofenschlupfer, Mousse von Valrhona-Schokolade oder geeistem Rhabarberschaum darf es vielleicht ein edler Portwein sein? Die Gäste können aus einer umfangreichen Auswahl wählen, die bis ins Jahr 1935 zurückreicht.
Neben renommierten internationalen Weinen offeriert die Weinkarte vor allem Gewächse aus Rheinhessen und der benachbarten Pfalz, welche auch im Weinkeller des Hauses verkostet werden können. Und unweit des Hotels bietet "Die Kapelle", die einstige Militärkapelle des Areals, nach aufwändiger Renovierung einen unvergleichlichen Rahmen für Feierlichkeiten und Events der besonderen Art.
Wie schön, dass hier heutzutage nicht mehr das Exerzieren, sondern nur der Genuss an erster Stelle steht.

CAFÉ LOTT

verliert dabei seinen hohen Qualitätsanspruch aber nie aus dem Sinn.

Die Lotts zeigen sich eng mit ihrer Heimatstadt verbunden. Darauf verweist so manch illustre Spezialität des Hauses. Zum Beispiel die Burgundertorte, eine zart-cremige Köstlichkeit aus Nougatbuttercreme, Schokoladenbaiser und Krokant, die als Reminiszenz an das einst hier herrschende Geschlecht der Burgunder entwickelt wurde, oder die köstlich-zarten Nibelungentrüffel, weiße Sahnetrüffel mit Krokant, die auf das eindrucksvolle Epos des Nibelungenliedes verweisen, das Glanz und Niedergang der Burgunder beschreibt, und in verschieden großen Geschenkpackungen ein beliebtes Mitbringsel für Touristen darstellt. Aus dem umfangreichen Angebot der erlesenen Pralinen- und Tortenkreationen seien hier exemplarisch nur einige genannt, die ausreichend Appetit und Lust auf einen Besuch im schönen Café Lott machen dürften. Da finden sich Champagner- und Kirsch-

Café Lott

Hafergasse 5
67547 Worms

Telefon 0 62 41 / 9 46 58 - 0
Telefax 0 62 41 / 9 46 58 - 25

Ruhetage: Sonn- und Feiertag

Unweit des imposanten Doms St. Peter und mitten in der erlebnisreichen Fußgängerzone liegt das renommierte Café Lott. Schon seit über 100 Jahren kommen die Gäste gern in die kleine Hafergasse, die von der belebten Kämmererstraße abzweigt (vom Dom aus gesehen 1. Straße links). Mit der Gründung einer Konditorei mit Schankwirtschaft legte Jakob Lott schon 1897 den Grundstein für ein erfolgreiches Familienunternehmen, das inzwischen zum ältesten Wormser Caféhaus nach Wiener Tradition avancierte und um fünf Bäckerei- und Konditorei-Filialen im Raum Worms angewachsen ist.

"Hier trifft sich Worms" – Alt und Jung, Tourist und Geschäftsmann, Freunde und Familien sitzen gemeinsam beisammen bei Kaffee oder Tee und genießen köstliche Kuchen, Torten und Gebäckspezialitäten. Konditormeister Peter Lott führt das Haus gemeinsam mit Ehefrau Dorothee seit über 30 Jahren mit weitsichtigem Engagement und klarem Blick für den Wandel der Zeit,

Brötchen in großer Sortenvielfalt. Von Nibelungen-Kruste und Dinkel-Vollkornbrot über das Rheinhessische Landbrot mit Sauerteig bis zum Kornagilbrot und dem mit Roggenmehl gebackenen Bauernbaguette reicht die Auswahl.

Wer ins Café Lott kommt, der kann genussvoll entspannen in gemütlicher Atmosphäre, Bekannte auf einen Plausch treffen oder einfach mal in Ruhe die Zeitung lesen, die stets für die Gäste bereitliegt. Diese klassische Caféhaustradition, wie Peter und Dorothee Lott sie hier bieten, ist selten geworden in dieser schnelllebigen, hektischen und auf Modernität ausgerichteten Zeit. Wie schön, dass es solche Oasen der Ruhe und des Genusses noch gibt.

wassertrüffel, Nuss- und Mandel-Nougat- sowie Marzipanpralinen. Die aufwändige Baumkuchentorte begeistert ebenso wie die Maracuja-Sahnetorte, die Malakoff- und die Grand-Marnier-Torte. Europa wird kulinarisch in Form von Schweizer Ecken, russischer, französischer und Engadiner Nusstorte aufgegriffen. Ein wahrer Augenschmaus sind die mehrstöckigen Hochzeitstorten von Peter Lott, die er stets höchstpersönlich ausliefert (innerhalb der Stadt sogar frei Haus).

Wem mehr nach Herzhaftem zumute ist,

dem serviert das sehr freundliche und hilfsbereite Café-Lott-Team auch belegte Brote, Suppen, Eierspeisen, verschiedene Toasts, Würstchen und Königinpastete. Außerdem wird täglich ein gutbürgerlich ausgerichtetes Mittagsgericht angeboten, das die hauseigene Köchin mit viel Sorgfalt frisch zubereitet.

Eis, eine Delikatesse, die zu jeder Jahreszeit schmeckt, wird im Hause Lott – wie sämtliche Torten und Kuchen übrigens auch – täglich frisch hergestellt!

Die hauseigene Bäckerei liefert Brot und

WEINGUT AM AMTHOF

nunmehr fünfter Generation. Er bewirtschaftet gut 20 ha Weinbergsfläche, die sich durch fruchtbare Löß- und Kalkböden auszeichnen. Die Weißweine wie Grauer Burgunder, Silvaner oder Müller-Thurgau werden temperaturgesteuert vergärt und so schonend wie möglich ausgebaut. Sie präsentieren sich dem Gaumen fruchtbetont, mal elegant-rassig, mal spritzig-leicht und verweisen selbstbewusst auf ihre Herkunft Rheinhessen.

Der deutsche Rotwein gewinnt bei den Kunden zunehmend an Attraktivität und nimmt auch im Angebot des Weingutes am Amthof einen breiteren Raum ein.

Die "Jahrgangsbesten" unter den Roten betten sich traditionell im Holzfass zur Ruhe - zum Teil auch in den kleinen, runden Barriquefässern - und genießen für die nächsten ein bis zwei Jahre ihre ungestörte Reifezeit, die ihnen so viel Tiefe, so vielfältige Aromen und den ganz spezifischen Holzton verleiht. Zu Portugieser, Spätburgunder und Dornfelder ist der Merlot sowie der Regent, der sich zum besonderen Steckenpferd des Winzers entwickelt hat, gekommen. Denn obwohl er sich recht resistent gegenüber Schädlingen zeigt, reagiert er ansonsten sehr sensibel auf Veränderungen und muss sorgsam überwacht und gepflegt werden. Die Unterschiede rheinhessischer und internationaler Weine erlernte der junge Winzer bei seinem Aufenthalt auf einem Weingut in den USA. Im Jahr 2000 übernahm er dann den elterlichen Betrieb. Gerd Cleres legt Wert auf ein ausgewogenes Verhältnis zwischen Tradition und Erfahrung sowie moderner Technik und dem steten Blick auf die neuen Entwicklungen im Weinbau.

In der urigen Weinprobierstube im Gewölbekeller unter dem Wohnhaus lassen sich die Weine des Gutes, die von Abenheim aus den Weg zu Privatkunden in ganz Deutschland sowie zur Gastronomie und dem Fachhandel antreten, vorzüglich verkosten. Interessierte, die wissen möchten, wo die edlen Kreszenzen wachsen, lädt Familie Cleres zur Weinbergsrundfahrt

Weingut am Amthof

Wonnegaustraße 59
67550 Worms-Abenheim

Telefon 0 62 42 / 9 97 72
Telefax 0 62 42 / 9 97 73

Der Amthof zu Abenheim, ein 485 Jahre altes historisches Gebäude und damit einer der ältesten Zeitzeugen der Region, diente der 1200-jährigen Gemeinde, die heute zu Worms gehört, einst als Zehntamt und verlieh dem benachbarten Weingut der Familie Cleres seinen Namen.

Winzermeister Gerd Cleres führt gemeinsam mit Ehefrau Ilka das Familiengut in

oder -wanderung und zu einer wissenswerten Kellerbesichtigung. Wer in dem schönen Tonnengewölbe feiern oder tagen möchte, dem wird auf Wunsch ein weiniges Begleitprogramm geboten.

Und wer ein kulinarisches Pendant zu den Cleres'schen Weinen sucht, der ist im Abenheimer Hof, einem gemütlichen Gasthaus mit Kreuzgewölbekeller unweit des Weingutes, das unter der Leitung des Schwiegervaters von Gerd Cleres steht, bestens aufgehoben!

Erklärtes Highlight aller Stammkunden ist das alle zwei bis drei Jahre stattfindende Weinfest am Amthof. Traditionell geht es am Freitagabend mit einem romantischen nächtlichen Fackelmarsch zur Klausen-

bergkapelle los, dem Wahrzeichen von Abenheim, die sich mitten in der Weinbergslage, die ihren Namen trägt, erhebt. Der Samstag und Sonntag stehen dann ganz im Zeichen eines interessanten, abwechslungsreichen und nicht zuletzt genussvollen Programms. Neben einer umfangreichen Verkostung des aktuellen Jahrgangs sowie Ausflügen in die Region gibt es natürlich an allen Tagen viel Musik, ein stimmungsvolles Unterhaltungsprogramm und vielfältige rheinhessische Köstlichkeiten auf dem Teller und im Glas. Da findet sich bestimmt das Richtige für jeden Geschmack – die sympathische Familie Cleres jedenfalls heißt Sie herzlich willkommen.

WONNEGAUER ÖLMÜHLE

Wonnegauer Ölmühle

Herrnsheimer Hauptstraße 40
67550 Worms-Herrnsheim

Telefon 0 62 41 / 5 69 56
Telefax 0 62 41 / 95 55 79

Öffnungszeiten:
Fr: 15.00 – 19.00
Sa: 10-00 – 14.00

Der Einsatz von hochwertigen, aromatischen Ölen spielt in der modernen Küche eine ganz wesentliche Rolle. Im Mittelmeerraum seit jeher tief verankert, hat sich der Trend zu wertvollen Ölen und Essigen in der deutschen Küche erst in den letzten Jahren durchgesetzt und zu einer Erweiterung der Angebotspalette geführt.

Und so kam der Diplom-Biologe Thomas Steger auch erst im Urlaub im französischen Périgord auf die Idee zur Ölerzeugung, als er dort die höchst genussvolle Bekanntschaft mit Walnussöl machte. Was in Frankreich möglich ist, musste auch im Wonnegau umzusetzen sein, dachte er sich, denn gute Walnüsse gibt es hier ebenso. Er vertiefte sich in die rare Fachliteratur,

erwarb eine so genannte Förder-Schnecken-Presse und experimentierte so lange, bis er mit dem Ergebnis zufrieden war. Die Nachfrage stieg rasant und Thomas Steger erweiterte sein Angebotsspektrum. Zu Anfang belieferte er die Hofläden von Winzern und stellte seine Produkte auf Bauernmärkten in der Region vor. Inzwischen zählen auch Feinkostgeschäfte zu seinen Kunden, man kann das Sortiment im Internet ordern (unter www.Zait.de) und seit dem Jahr 2002 beherbergt das hübsche Backsteinhaus in Worms-Herrnsheim, der Heimat der Wonnegauer Ölmühle, auch

einen adäquaten Verkaufsladen. Das Angebot reicht von Haselnuss- und Sesamöl über Mohn-, Raps- und Sonnenblumenöl bis hin zu Hanf-, Masala- und schließlich Leinöl, welches jedoch nur ganz frisch auf Bestellung hergestellt wird. Edle Öle aus Pistazien, Koriander, Dill und Schwarzkümmel sind ebenfalls im Angebot. Das Mandel- und das süß duftende Cocos-Mandel-Vanille-Öl eignen sich sogar vorzüglich für die Hautpflege, wegen ihrer natürlichen Ingredienzen auch bei empfindlicher Haut. Die Öle überzeugen durch ihren klaren, intensiven und aromatischen

Geschmack und zeichnen sich durch hohe Bekömmlichkeit und beste Qualität aus. Bei Ölverkostungen erfahren die Kunden Wissenswertes über die einzelnen Öle, über ihre Herstellung und Wirkung sowie die vielfältigen Einsatzmöglichkeiten in der Küche.

Raps, Sonnenblumenkerne, Lein und Schwarzkümmel kauft Steger direkt in Rheinhessen oder der Pfalz. Wer einen Walnussbaum im Garten hat, kann seine Ernte vorbeibringen und erhält im Gegenzug ein fein-aromatisches Öl. Oliven-, Traubenkern- und Kürbiskernöl kauft Thomas Steger zu, ebenso Balsamessig, Nudel- und Senfspezialitäten sowie die "Mojo" genannten scharfen Saucen von den kanarischen Inseln.

Zu den besonderen Spezialitäten gehören ein selbst gemachtes Currypulver und die an Johannis geernteten grünen Walnüsse, die mitsamt der Schale in einer Wasser-Zucker-Gewürz-Mischung konserviert werden und dann, hauchfein aufgeschnitten, hervorragend zu Desserts oder Salaten munden. Auch frisch-würzige Pestos aus Walnüssen, Pistazien, Kürbiskernen oder getrockneten Tomaten sind zu entdecken. Je nach Jahreszeit ergänzen Bärlauch- und Basilikumpestos und Chutneys das Sortiment.

Thomas Steger verzichtet ganz bewusst auf die Expansion seines 1-Mann-Betriebes, denn er will den Bezug zu seinen Produkten und vor allem zu seinen Kunden nicht verlieren. Die enge Beziehung, die ihn mit seiner Heimat Rheinhessen und ihren wertvollen Gaben verbindet, will er auch seinen Kunden wieder bewusst machen. In Zusammenarbeit mit der hiesigen Volkshochschule sowie einigen Weingütern der Region bietet der Botaniker daher auch Wildkräuterwanderungen sowie Kochkurse zum Thema an. Nach dem Sammeln in Wald und Flur wird dann gemeinsam ein aromenreiches Menü zubereitet. Dass dabei auch die feinen Öle der Wonnegauer Ölmühle nicht fehlen dürfen, versteht sich von selbst.

WEINGUT WENDEL

Weingut Wendel

Zellertalstraße 48
67551 Worms-Pfeddersheim

Telefon 0 62 47 / 57 20, 15 40
Telefax 0 62 47 / 57 18

"**W**ir machen in erster Linie Wein für uns selbst, denn nur was uns schmeckt, ist auch gut für unsere Kunden", umschreibt der junge, dynamische Winzer Dirk Wendel seine Weinphilosophie. Und wer hört, wie er von seinen Weinen, ihrer Aromenvielfalt und ihren unterschiedlichen Bedürfnissen spricht, dann fühlt man sich mit diesem Qualitätsdenken gut beraten.

Schon seit Generationen betreibt Familie Wendel in Worms Weinbau. 1958 siedelte sie an den Ortsrand von Worms-Pfeddersheim aus, wo man zehn Jahre später mit der Vermarktung von Flaschenwein begann. Heute führt Dirk Wendel mit Ehefrau Sandra das Weingut. Mit umfassendem Know-how und einer Betriebsphilosophie, die eine sorgsame, aufwändige Pflege von

ständlich die traditionelle Maischegärung. Dann ruhen die Weine in Eichenholz- bzw. Barriquefässern und erblicken in den nächsten sechs bis zwölf Monaten das Tageslicht nicht mehr, bis ihre zarten bis würzigen Aromen von Vanille über dunkle Beeren bis zu Tabak- und Rösttönen voll zur Geltung kommen.

Gern nimmt die Familie Besucher und Freunde mit in den Keller, wo dann bei einer Fassweinprobe über die Zukunft des Jungweins entschieden wird.

Bei der Kreation der besonderen Spezialität des Hauses ist allerdings allein das kunstsinnige Weinverständnis des Kellermeisters vonnöten. In seinen Cuvées vereint Dirk Wendel mit viel Gespür für harmonische Aromenhochzeiten die besten Tropfen eines Jahrgangs, das Ergebnis geringster Mengen. Im "la Wendel" harmonieren Dornfelder, Portugieser, St. Laurent und Cabernet, die sich im Eichenfass zur lukullischen Paarung trafen, "Musici" steht für die fruchtig-feine Fusion aus Rivaner und Riesling.

Unter dem Namen "Kreation" werden Winzersekte, handgerüttelt und in der Flasche vergärt, vom Riesling, roten Traminer, Rivaner, Scheurebe und Sauvignon blanc offeriert. Eine erlesene Auswahl an feinen Destillaten und fruchtigen Likören komplettiert das Sortiment.

Das ganze Jahr über heißen die Wendels ihre Kunden im Weingut willkommen. Während die Großen die feinen Kreszenzen verkosten, freuen sich die Kleinen über den hauseigenen Streichelzoo mit Hühnern, Ziegen, Haus- und Meerschweinen, Hasen und Katzen. Der kleine Dackel begrüßt die Besucher freundlich und die drei Wendel-Kinder begegnen dem Gast ebenso herzlich und sympathisch wie ihre Eltern. Gründe genug, das jährliche Hoffest zu besuchen, bei dem Sie die Weine des Hauses zu köstlichen Schmankerln und renommierten Musik-Bands der Region erleben können – ein Unterhaltungs-Cuvée der besonderen Art!

Weinberg und Rebe in den Mittelpunkt rückt, der sich ein schonender Ausbau im Keller anschließt, schafft er die Voraussetzungen für anspruchsvolle Weine, die bei Prämierungen und in der Fachpresse achtbare Erfolge erzielen. Auch die anspruchsvolle Jury der Selection Rheinhessen ist auf das Weingut aufmerksam geworden und hat den Silvaner aus dem Jahr 2001 in ihre edle Riege aufgenommen.

Dies ist der Lohn einer konsequenten Ertragsreduzierung durch strikten Rebschnitt, aufwändige Laubarbeiten und gezielte Ausdünnung. Auf Stickstoffdüngung verzich-

tet Dirk Wendel völlig, stattdessen setzt er auf naturnahe Weinbergspflege mit Dauerbegrünung. Im Keller folgt nach schonender Kelterung und natürlicher, langsamer Vergärung der rebsortentypische, zumeist trockene Ausbau der Weine.

Das Sortiment umfasst die klassischen Rheinhessen vom Riesling über Burgundersorten bis zum Silvaner. Bei den Rotweinen gesellen sich zu Dornfelder und Portugieser auch St. Laurent und Cabernet Dorsa. Gerade auf seine roten Kreszenzen verwendet der unprätentiöse Winzer viel Mühe und Sorgfalt. Dazu gehört selbstver-

BÖRSCHINGER'S NUDELN

oder Bauernspätzle, Spirelli, Waben, Muscheln oder Hörnchen entscheiden muss.

Doch damit nicht genug. Da gibt es Nudeln mit Knoblauch, Chili, Dill oder Bärlauch, grüne mit Spinat, schwarze mit Tintenfisch, braune mit Steinpilzen. Oder haben Sie eher Lust auf Basilikum-, Petersilien-, Peperoni- oder Walnuss-, auf Paprika-, Curry- oder gar Zimt-Geschmack? Maultaschen gefüllt mit Lachs, Bratwurst oder Pute, mit Gemüse, Grünkern und Lauch oder Spinat und Schafskäse sowie Schupfnudeln mit Rapunzelkräutersalz komplettieren das Angebot. Elli Heyne gibt gern Empfehlungen, welche Nudel sich für welches Gericht am besten eignet. Würziges Bärlauch- und feuriges Arrabiata-Pesto sowie mildes Bruschetta hat das sympathische Ehepaar selbst entwickelt, außerdem sind – neben ansprechenden Nudelpräsentkörben – auch Produkte zu bekommen, die die Heynes zukaufen:

Die Kulinarische Entdeckungsreise ist zu Gast im Nudelparadies von Theo und Elli Heyne, das die Herzen der Fans des langen, kurzen, geringelten oder gewalzten Teigbandes schon beim Betreten der Nudelmanufaktur höher schlagen lässt. 1988 von den Eltern von Elli Heyne, geborene Börschinger, gegründet, leitet das sympathische Ehepaar die kleine Firma seit vier Jahren mit viel Engagement und wachsendem Erfolg.

Das Sortiment wird anschaulich im schönen Verkaufsladen präsentiert und lässt kaum einen Wunsch offen, denn hier spielen nicht nur Formenvielfalt und Teigart eine wichtige Rolle, sondern auch vielfältige Kreationen in abwechslungsreicher Bandbreite.

Zum einen gibt es Nudeln mit und ohne Ei, Dinkel-Vollkornnudeln und Kartoffelband. Dann fällt die Wahl schon schwerer, wenn man sich zwischen Bandnudeln in drei Breiten, Locken- oder Ringelnudeln, Spaghetti, Rigatoni und Makkaroni, Spätzle

Börschinger's Nudeln
Inhaber: Theo Heyne

Neubachstraße 87 a
67551 Worms-Horchheim

Telefon 0 62 41 / 3 49 60
Telefax 0 62 41 / 20 39 46

Öffnungszeiten:
Mo – Mi, Fr:
10.00 – 12.00, 16.00 – 18.00 (u. n. V.)

Senf- und Wurstspezialitäten, Weingelee, Bioland-Honig, Walnuss-Pistazien- und Kürbispesto sowie frische Eier.

In der Nudelmanufaktur bestimmt hochwertige Handarbeit das Geschehen – Konservierungs- und Farbstoffe sucht man vergebens, durchweg alle Zutaten sind frisch und von bester Qualität und Theo Heyne verrichtet jeden Arbeitsschritt mit größter Sorgfalt.

Die Eier aus artgerechter Bodenhaltung werden per Hand aufgeschlagen, denn nur so ist erkennbar, ob das Ei auch eine einwandfreie Qualität aufweist. Dann kommen Hartweizengrieß und Gewürze dazu. Wenn der Teig "gegangen" ist, verrichtet die italienische Nudelmaschine ihr Werk, walzt und schneidet den Teig in die entsprechende Form. Nun trocknen die Nudeln im Trockenraum bei 60 °C ganze 30 Stunden lang, bis sie nur noch einen Feuchtigkeitsgehalt von 7 % aufweisen und sich die Aromen verdichten. Jede Nudel hat ihre Eigenheiten, auf die man achten muss, damit das Endergebnis optimal ausfällt. Kein Wunder also, dass die Nudelspezialitäten der Heynes schon manch goldenen Preis bei DLG- und CMA-Prämierungen gewannen.

Für Rheinhessenwein entwickelte Theo Heyne würzige Silvaner-Kräuter-Nudeln (nur über Rheinhessenwein, hier und in vielen Weingütern erhältlich) und exklusiv für die Region Zellertal die Zellertaler Riesling-Nudel (nur hier und in Zellertaler Hofläden zu bekommen).

Börschinger's Nudeln sind nicht nur hier im Hofladen (auch über Internet bestellbar), sondern auch in der regionalen Gastronomie und im Handel zu finden, viele Hofläden haben sie im Programm und Theo Heyne ist jeden Donnerstag und Samstag auf dem Mannheimer und am Freitag auf dem Mainzer Wochenmarkt vertreten. Gelegenheiten genug, um die genussvollen Nudelspezialitäten einmal selbst zu kosten, denn, so Theo Heyne: "Qualität bedeutet, dass der Kunde und nicht die Ware zurückkommt."

rund um Haus Gohlsen wird im Juni das Parkfest gefeiert.

In der Gemarkung von Harxheim haben bereits die Germanen Gott Wodan eine Kultstätte geweiht. Das Zentrum kann mit einem Barockrathaus aus dem 18. Jh. aufwarten.

In Einselthum ist eines der ältesten pfälzischen Wohnhäuser zu entdecken: das gotische Steinerne Haus. Die Kirche präsentiert sich barock. Die ev. Pfarrkirche und das Rathaus von Albisheim sind klassizistisch geprägt. Seit beinahe 800 Jahren wird am 3. Septemberwochenende traditionell das Königsfest mit Königspredigt und der Verteilung von Königswecken gefeiert.

Schon von weitem macht Marnheim mit dem Brückentorso der einstigen Bahnbrücke über die Pfrimm auf sich aufmerksam. Ungewöhnlich auch die beiden Sakralbauten der Gemeinde: Zum Kirchturm fehlt die Kirche, dafür muss die ev. Pfarrkirche ohne Turm auskommen!

Das Zellertal vereint – einzigartig in Deutschland – zwei Weinanbaugebiete in sich: Rheinhessen und die Pfalz. Auf einer Länge von 15 km zwischen Monsheim und Marnheim erstrecken sich neun idyllische Gemeinden (Monsheim, Mölsheim und Wachenheim rheinhessisch), die einige Sehenswürdigkeiten sowie nette Einkehrmöglichkeiten bieten, und renommierte Weingüter vereinen das Beste beider Weinanbaugebiete in ihren Gewächsen.

Die ev. Pfarrkirche von Monsheim wurde im 15. Jh. erbaut, davon zeugen noch drei Spitzbogenarkaden im Seitenschiff, im 19. und 20 Jh. dann in heutiger Form umgestaltet und mit einem Turm versehen.

Das Renaissanceschloss der Herren von Wachenheim wurde auf den Fundamenten einer Wasserburg erbaut. Im Ortsteil Kriegsheim steht der dreigeschossige Wohnturm der Herren von Kriegsheim aus dem 14. Jh. sowie ein Fachwerkbau mit fränkischen Erkern von 1683, im Schlosshof beeindruckt ein 1,80 m hoher Hinkelstein.

Der imposante siebenstöckige Wohnturm in Wachenheim wird von einer Wehrmauer und vier Ecktürmen umgeben, außerdem laden das Heimat- und das Schmiedemuseums zum Besuch.

In der ev. Pfarrkirche verdient das spätgotische Flügelretabel mit geschnitzter Madonna einen Blick.

In Mölsheim, dem höchst gelegenen Dorf im Zellertal, entdeckte man eine kostbare spätmerowingische Goldscheibenfibel mit einer römischen Kamee, die Medusa abbildet. Von hier aus führt eine sehr empfehlenswerte "Panoramastraße" nach Zell (und weiter nach Einselthum), die – vorbei am Zeller Ehrendenkmal mit gotischen Spitzbogenfenstern – herrliche Ansichten des Zellertals bietet.

In Zell sind ein spätgotisches Fachwerkhaus sowie die barocken Pfarrkirchen aus dem 18. Jh. sehenswert, die an das St.-Philipp-Stift erinnern, einem einstmals bedeutenden Wallfahrtsort (Zell und Harxheim sind Teil des Jakobs-Pilgerwegs). Im Park

Radrundweg die Landschaft und der Weinwanderweg zwischen Kirchheimbolanden und Wachenheim gibt Auskunft über Lagen und Weine im Zellertal – da lohnt es sich, diese auch gleich vor Ort zu verkosten.

Ein besonderes optisches Highlight ist die Wingertschnegg mit seinem Weinbergshäuschen Chateau Escargot in Zell, ein Weinberg, der in From einer Schnecke angelegt wurde!

Neben Wein-, Hof- und Kerwefesten laden auch die Events des Vereins *Zellertal aktiv* zum Besuch. Bei der Zellertaler Weinkost, dem Zellertaler Erlebnistag und dem Kunst- und Weinmarkt "Zauberhaftes Zellertal" stehen Wein und Kunst im Mittelpunkt.

Tipp: Die Zellertalbahn fährt (So, Feiertag von Apr. – Okt.) auf einer reaktivierten historischen Bahnstrecke durch Rheinhessen und die Pfalz und führt vorbei an allen sehenswerten Punkten des Zellertals.

Außer Kultur gibt es auch viel Natur im Zellertal. Der Kneippwanderweg verbindet auf erlebnisreichen Wegen verschiedene

Kneipp-Anlagen mit Armtauch- und Fußtretbecken, Sportliche erkunden in geführten Nordic-Walking-Touren oder auf dem

HOTEL KOLLEKTUR

Hotel Kollektur

Hauptstraße 19
67308 Zellertal-Zell

Telefon 0 63 55 / 95 45 45
Telefax 0 63 55 / 95 45 44

Ruhetag: Montag

Das imposante gelb-rote Barockgebäude hoch über dem Zellertal zieht schon von weitem die Blicke des Reisenden auf sich. Das Haus wurde um 1750 im Auftrag der Universität Heidelberg als Wohnsitz des Kollektors erbaut, der in ihrem Auftrag die Besitztümer der Kollektur Zell betreute. Nach einer wechselvollen Geschichte erwarb die pfälzische Hoteliersfamilie Kiefer das unter Denkmalschutz stehende Gebäude und eröffnete nach umfangreichen Umbauten im Mai 2002 ein anspruchsvolles Hotel, das sich dem Genuss in vielfältiger Weise verschrieben hat.

Zwölf schöne Komfortzimmer, ein geschmackvolles Restaurant und die sonnenverwöhnte Terrasse begeistern den Gast mit einem atemberaubenden Panoramablick. Gespeist wird in einem von stilvoller Ele-

ganz geprägten Ambiente. Die schweren Holzmöbel und prachtvollen Lüster gehen mit der modernen Kunst (wechselnde Ausstellungen regionaler Künstler) und der südlich-leichten Farbgestaltung eine beachtenswerte Symbiose ein.

Das historische Weingewölbe, in dem einst die besten Tropfen des Kollektors ruhten, bietet eine sehenswerte Kulisse für entspanntes Feiern, ein moderner Seminarraum ermöglicht ungestörtes Tagen.

Die lustvolle Fusion aus Moderne und Tradition setzt sich auch auf dem Teller gelungen fort. Unter der ideenreichen Ägide von Seniorchefin Gertraude Kiefer vereinen sich mit der Region verwurzelte Gerichte und mediterrane Impressionen zur neuen, zeitgemäßen Aromenhochzeit. Regionale Grundprodukte bestimmen im jahreszeitlichen Rhythmus das Angebot. Von Spargel und Pfifferlingen bis hin zu Wild und Gans – das saisonale Pflichtprogramm beherrscht man im Hotel Kollektur mit viel Raffinesse. Am Wochenende und an Feiertagen bereiten Menüs das Angebot erlesen auf.

Die Weinkarte rückt vor allem Gewächse von Zellertaler Winzern in den Fokus. Mit ihrer Aktion "Winzer des Monats" bieten die Kiefers auch bisher unentdeckten Weinmachern die Chance auf eine breite Öffentlichkeit.

Im Herbst geht die Kollektur-Küche auf eine historische Entdeckungsreise. Dann stehen z. B. Rezepte der "schönen Anna", einer bekannten Pfälzer Köchin des 19. Jahrhunderts, oder "fast vergessene Pfälzer Gerichte" aus Großmutters Zeiten auf dem Programm.

Ein "Wellnessbereich" der etwas anderen Art – eine Kneippanlage mit Armtauch- und Fußtretbecken sowie ein idyllischer "Einkehrgarten" – eröffnet dem Gast die Möglichkeit, in der Hektik des Alltags seine innere Ruhe wiederzufinden.

Auch dies ein Beleg für das überzeugende Engagement der sympathischen Familie Kiefer, die Vorzüge ihrer Heimat genussvoll ins rechte Licht zu rücken!

ZELLERTAL-ZELL

CARPACCIO VOM KALBFLEISCH MIT PIKANT MARINIERTEN GEMÜSEN

Zutaten

Gemüse:
4 EL Olivenöl
2 EL Balsamessig
Salz, Pfeffer
je 2 Staudensellerie, Karotten,
Zucchini, Tomaten, Knoblauchzehen
1 Frühlingszwiebel
Fleisch:
500 g Kalbfleisch (Nuss)
1 l Wasser
1/2 l Weißwein
1 Zitrone
Lauch, Zwiebeln
Lorbeerblatt, Nelken
Garnierung:
Petersilie, Basilikum
Zitronenschale

Zubereitung

Das Kalbfleisch in Wasser und
Weißwein mit Gemüse und Gewürzen
etwa eine Drei-Viertelstunde langsam
gar kochen, dann in der Brühe erkalten lassen.
Olivenöl und Balsamessig verrühren,
Salz u. Pfeffer zufügen. Tomaten häuten, entkernen, würfeln, Knoblauch
schälen, in Scheiben schneiden, übri-
ges Gemüse klein schneiden. In eine
flache Schüssel schichten, die
Marinade darüber geben und für 1
Std. ruhen lassen, dabei Gemüse
mehrmals mit Marinade beträufeln.
Das erkaltete Kalbfleisch in möglichst
feine Scheiben (3 – 4 mm) schneiden,
mit dem marinierten Gemüse anrichten und mit Marinade beträufeln. Mit
fein geschnittener Petersilie, Basilikum
und abgeriebener Zitronenschale garnieren.

Spur. Neben trad. Rebsorten auch interessante Neuzüchtungen: Riesling, Silvaner & Co. werden ergänzt von Faber, Juwel, Saphira, Würzer, Dakapo, Cabernet Mitos u.a., Brände, Liköre; Keller- u. Weinbergsführungen, Weinproben im Gewölbekeller, draußen im Weinberg oder im idyllischen Hof.

Weingut Mann-Fuchs
Hauptstraße 14, 67591 Mölsheim
Wein wachsen lassen lautet die Devise im Weingut Mann-Fuchs. So regiert die Natur in Weinberg u. Keller, wobei die Qualität der Weine im Vordergrund steht. Angebot: besonders rebsorten- und lagentypisch angebaute, natürliche und bekömmliche Weine, Kreuzgewölbe (Kuhkapelle).

Weinbau & Gästehaus Roß
Kalkofen 4, 67591 Mölsheim
Ruhe und Entspannung in 500 Jahre alten Mauern, dazu köstliche Weine aus eigenem Anbau - so gestaltet sich das Genussprogramm der Familie Roß: Gästehaus mit Bauerngarten, Terrasse und gemütlichen Zimmern; trad. Rebsorten sowie Chardonnay, Regent und Ortega, schonende, naturnahe Weinbergs- u. Kellerarbeit.

Weingut Janson-Bernhard
Hauptstraße 5, 67308 Zellertal-Harxheim
Das renommierte Weingut Janson-Bernhard unter der Leitung von Christine Bernhard blickt auf eine 265-jährige Geschichte zurück. Angebot: Großer Privatpark, denkmalgeschütztes Gutshaus, Kreuzgewölbe (Kuhkapelle); außergewöhnliche kulinarische und kulturelle Events; hochwertige, ökologisch erzeugte Weine (Ecovin-Betrieb) und Sekte; Wein- u. Sektproben, Weinbergsführungen, Kunstausstellungen.

Wein- und Sektgut Herr
Brückenstraße 5
67308 Zellertal-Niefernheim
Traditionsreiches Weingut seit 1799 mit sommerlichem Genussprogramm. Angebot: hervorragende Weine und regionale Spezi-

Gästehaus Villa Wernz
Hauptstraße 9, 67308 Albisheim
Inge Baumbauer bietet im Gästehaus Villa Wernz familiäres Wohnen im Herzen des Zellertals. Angebot: zwei Doppel- und ein Einzelzimmer mit Balkon, Küche mit Essplatz, Garten. Guter Ausgangspunkt für Touren ins Zellertal, Pfalz u. Rheinhessen.

Weller's Weinhäusel
Hauptstraße 2, 67308 Einselthum
Die Familie Weller lädt zu pfälzischen Genüssen aus Küche und Keller in ihr gemütliches Weinhäusel. Angebot: klass. Pfälzer Weine aus eigenem Anbau, Pfälzer Spezialitäten, Weinmuseum und Weinboutique (Weine, Gelee, Brände, Sekte).

Winzerhof Seitz, 67297 Heyerhof
Das kleine, feine Weingut Seitz hat seine Heimat an histor. Stelle im Heyerhof (außerhalb von Albisheim), wo bereits die Römer siedelten, wie Funde belegen. Angebot: klass. Pfälzer Rebsorten Portugieser, Dornfelder, Riesling, Kerner, Chardonnay, Scheurebe; Cuvees, Sekt, Likör, Brände, hausgem. Marmeladen, kreativer Geschenk-

service; Wein- u. Sektproben im idyllischen Hof und der geschmackvollen Weinprobierstube.

Privat-Weingut D. Hagmaier
Am Heckel 4, 67591 Mölsheim
Das vielfach prämierte Weinsortiment des Hauses zeigt sich abwechslungsreich: 18 verschiedene Weine von Müller-Thurgau, Riesling, Grauburgunder bis Dornfelder, Portugieser, rebsorten- und regionaltypisch ausgebaut.

Weingut Henge-Ernst-Würth
Hauptstraße 37, 67591 Mölsheim
Die Weinberge der Familie Lebert vereinen mit einem klassischen Rebsortenspiegel das Beste aus Rheinhessen u. der Pfalz. Angebot: prämierte, in der Hauptsache trocken ausgebaute Weine mit dem persönlichen Schwerpunkt Rotwein, Riesling-Sekte, Cuvees, Brände.

Weingut Elmar Klein
Außerhalb 12, 67591 Mölsheim
Mit ihrem Weinprogramm ist Familie Klein "den Visionen von Georg Scheu auf der

alitäten werden im Kreuzgewölbe und dem romantischen Gutshof serviert (1. Wochenende/Monat, März - Okt.); Konzerte, Ausstellungen, Theater in der Kulturscheune; trad. und neue Rebsorten - Riesling, Burgundersorten, St. Laurent, Cabernet Dorio.

Weingut Fippinger-Wick
Hauptstraße 2, 67308 Zellertal-Zell
Die guten Gaben dieses Landstriches werden von Familie Wick anspruchsvoll u. vielfältig dargeboten. Angebot: exzellente Weine (Ecovin-Betriebe) von z. T. über 50 Jahre alten Rebstöcken, Rotweine aus Barrique und Pfälzer Eichenfässern, niveauvolle kulinarisch-kulturelle Events wie Olivenölfest, Vernissagen, feine Culinarien mit edler Bio-Küche, Übernachtungen am Lagerfeuer im Weinberg u. v. m.

ALZEYER HÜGELLAND – DAS HERZ RHEINHESSENS

Alzey, das Zentrum des Alzeyer Hügellands, schaut auf eine bewegte Vergangenheit zurück. Kelten, Germanen, Alemannen und Römer lösten einander ab. Der römische Kaiser Valentinian ließ schließlich ein Kastell errichten, das durch die Westgoten und Burgunder zerstört, jedoch im 20. Jahrhundert zum Teil wieder freigelegt wurde und heute zugänglich ist.

Ein Vasall des Burgunderkönigs Hagen, der Spielmann Volker von Alzey, wurde durch das Nibelungenlied literarisch verewigt und verlieh der Stadt ihren Beinamen "Volkerstadt".

Das Zentrum von Alzey wird von mehreren Marktplätzen mit zahlreichen pittoresken Fachwerkbauten geprägt. An den einst lebhaften Pferdehandel verweist der schöne Rossmarkt mit dem imposanten bronzenen Pferd, das am Rossmarktbrunnen seinen Durst stillt. Am Fischmarkt verdienen das Deutsche Haus mit Volkerbrunnen, die klassizistische Apotheke und das Renaissance-Rathaus von 1686 Beachtung. Zur vollen Stunde lässt das Glockenspiel im Treppenturm seine 23 Glocken erklingen und Volker von Alzey erscheint, seine Fidel streichend.

Der spitzgiebelige Westturm der gotischen Nikolaikirche am Obermarkt gilt als Wahrzeichen der Stadt. Auf den Fundamenten der St. Nikolauskapelle wurde die dreischiffige Kirche im 15. Jh. errichtet. Sehenswert sind die Grablegungsgruppe mit sieben Sandsteinfiguren von 1430/40 und der Taufstein, der den Übergang von der Gotik zur Renaissance markiert. Die lebhafte Fußgängerzone mit vielfältigen Einkaufsmöglichkeiten, gemütlichen Cafés und Restaurants lädt zum Verweilen und Bummeln ein. In der Antoniterstraße erinnert ein Torbogen mit gotischem Spitzbogen als letztes Relikt an das einst mächtige Antoniterkloster, eines von insgesamt sieben Klöstern, die es vor der Reformation in der Region Alzey gab.

Die lange Historie der Stadt wird durch die Reste der Stadtmauer mit dem Hexen- und dem Wartbergturm und vor allem durch das imposante Schloss mit seiner Stein- und Fachwerkkulisse offenbar. Die heutige Schlossanlage wurde auf älteren Fundamenten von den kurpfälzischen Grafen von Heidelberg erbaut, 1689 jedoch von den Franzosen gesprengt. Anfang des 20. Jh.s wurde wieder aufgebaut und beherbergt heute das Amtsgericht und ein Internat.

Im benachbarten Burggrafiat werden wechselnde Kunstausstellungen gezeigt. Das Museum der Stadt (im ehem. Spital) zeigt Ausstellungen zu Vor-, Früh- und Stadtgeschichte, Volkskunde, Geologie-Paläontologie.

In den stillen, weinseligen Gemeinden des Alzeyer Hügellands geht es beschaulich zu, die Haufendörfer bestechen durch fränkische Hofreiten und schöne Fachwerk- und Barockfassaden.

Eppelsheim war im Mittelalter von einem kreisrunden Dorfgraben und Ulmen umgeben, dem Eppelsheimer Effenring. Dieser wird nun wieder angelegt, nachdem die historischen Effen (= Ulmen) 1981 dem Ulmensterben zum Opfer fielen. Der trutzige sechsstöckige Dahlberger Turm wurde um 1500 als Wehr- und Wohnturm erbaut und konnte nur durch eine Tür im Obergeschoss betreten werden.

Die Umgebung der kleinen Weinbauge-

meinde Flomborn wurde bereits von steinzeitlichen Ackerbauern mit Steinpflügen bestellt. Sie gründeten eine Siedlung mit eigenem Friedhof, der bei der Erweiterung des heutigen Friedhofs entdeckt und ausgehoben wurde. Dabei kamen Gerätschaften und vor allem schöne Keramiken mit Spiralbandverzierungen zum Vorschein, die man als "Flomborner Stufen" bezeichnet. Die ev. Pfarrkirche zeigt romanische, gotische und barocke Elemente und besitzt eine Stumm-Orgel von 1780.

Das 1765 erbaute Rathaus mit hübschem Wendeltreppenturm birgt – in Rheinhessen keine Seltenheit – auch eine kath. Kapelle. In Gau-Odernheim (kostbare Wandfresken) und Bechtolsheim (Stumm-Orgel, sehr schön geschnitztes Gestühl) vereinen Simultankirchen beide Konfessionen.

HOTEL AM SCHLOSS & EBERT'S RESTAURANT

Hotel am Schloss &
Ebert's Restaurant

Amtgasse 39
55232 Alzey

Telefon 0 67 31 / 9 42 24
Telefax 0 67 31 / 94 22 55

Ruhetag Restaurant: Sonntagabend

Im Herzen der Stadt Alzey, unweit der historischen Altstadt und des imposanten Schlosses, liegt das schöne Hotel am Schloss von Thomas und Brigitte Ebert. Das sandfarbene Gebäude mit dem rot gedeckten Dach und den grünen Fensterläden fällt mit einer klar gegliederten Fassade und den sich anschließenden historischen Wehrmauern, die von einem stattlichen runden Turm abgeschlossen werden, ins Auge.

Drinnen umfängt eine herzliche und familiäre Atmosphäre die Gäste. Warme Farben, frische Blumen auf den stilvoll eingedeckten Tischen, ein Kachelofen und eine klassisch-elegante Einrichtung bestimmen das Restaurant des Hauses, das Herzstück des Hauses und die Wirkungsstätte von Thomas Ebert.

Das Kochen ist lange Jahre nur ein Hobby für den Einzelhandelskaufmann im Lebensmitteleinzelhandel gewesen, doch die Leidenschaft für die Gastronomie brachte ihn schließlich dazu, sich ganz dieser Branche zu verschreiben und schließlich auch eine Ausbildung zum Koch anzuschließen. 1997 übernahm er gemeinsam mit Ehefrau Brigitte das renommierte Hotel am Schloss und setzt seine Begeisterung und sein großes Engagement nun hier in eine frische, regionale Küche um, was inzwischen auch mit der Aufnahme in die renommierte Koch-Vereinigung Eurotoques belohnt wurde. Convenience-Produkte und Exotisches aus fernen Ländern haben in seiner Küche keinen Platz. Im Herzen Rheinhessens wird auch regional gekocht. Frisch und von bester Qualität müssen die Zutaten sein, die

hier zu stets neuen, ideenreichen Gerichten komponiert werden. Obst, Gemüse und Geflügel kommen von hiesigen Lieferanten, die Nudeln sind sämtlich hausgemacht, ebenso Pasteten, Terrinen und Eiscreme und einmal die Woche wird im Holzbackofen im Garten knuspriges Brot gebacken.

Die besondere Spezialität des Hauses, die stets auch mit einer eigenen Karte gewürdigt wird, ist das zarte Fleisch edler Limousin-Weidekälber aus dem Odenwald. Die Kälber wachsen mit der Mutter und wertvoller Muttermilch auf und leben fast das ganze Jahr draußen auf der Weide. Diese Aufzucht garantiert den Tieren eine artgerechte Haltung und dem Gast höchste Qualität.

Kompromisslos präsentiert sich auch die Auswahl der Weine: Ausschließlich Rheinhessen sind hier zu verkosten und sie lassen aufgrund der Vielfalt und hohen Qualität der hiesigen Winzer auch keine weiteren Positionen vermissen. Die enge Verbundenheit zur Heimat ist im Hotel am Schloss kein hehres Ziel, sie wird tagtäglich umgesetzt, und das konsequent und unter Wahrung höchster Qualitätsansprüche. Thomas Ebert schätzt die Produkte seiner Heimat und die Menschen, die bereit sind, wie er all ihr Engagement in die Pflege der Landschaft und ihrer Gaben zu investieren. Thomas Ebert überlässt einfach nichts dem Zufall, wenn es um den Genuss geht. Alles, was hier auf den Teller kommt, entstammt

seiner kreativen Eigenregie – Abwechslung und eine stetige Weiterentwicklung des Speisenangebotes sind für ihn selbstverständlich.

So gesellen sich zum Carpaccio vom Weidekalbsfilet mal frischer Spargel und würziges Bärlauchpesto, dann zeigt sich das edle Kalbfleisch ganz rheinhessisch als "Backesgrumbeere" gemeinsam mit Kartoffeln und Sahne in Weißwein gegart. Der Wolfsbarsch kommt im Ganzen gebraten auf den Tisch und wird von Buttersauce, Blattspinat, Tomaten und Bergkäse-Polenta begleitet, und die hausgemachten Safran-Ravioli umhüllen eine Zander-Krebsfüllung und betten sich auf feine Flusskrebssauce.

Doch reservieren Sie sich unbedingt noch einen Platz für die köstlichen Desserts zum Abschluss. Denn Erdbeer-Rhabarber-Süßeingemachtes mit Maikrautcreme oder zweierlei Mousse im Schokoladenmantel auf Amarettoschaum versprechen auf jeden Fall einen würdigen Abschluss des Schlemmervergnügens.

Auch abseits des kulinarischen Alltags bieten die Eberts eine Reihe von attraktiven Angeboten für ihre Gäste. Allen voran die

HOLZOFENBROT AUS DEM "BACKES"

Zutaten

500 g Weizenmehl, Typ 1050
200 g Roggenmehl, Typ 1150
500 g Buttermilch
1 Würfel Hefe
20 g Salz
1/2 TL Brotgewürz (Anis, Koriander,
Fenchel, Kümmel)

Zubereitung

Alle Zutaten in die Knetmaschine geben, ca. 5 – 8 Minuten durchkneten. Dann für 1 Stunde an einem warmen Ort gehen lassen. Anschließend noch einmal gut durchkneten und für weitere 20 Minuten gehen lassen. Im vorgeheizten Backofen bei 220 °C ca. 20 Minuten backen, dann den Ofen auf 200 °C herunterschalten und das Brot für weitere 40 – 50 Minuten fertig backen.

Tipp: Wenn man das Brot auf einer heißen Schamottplatte statt auf einem Backblech backt, erhält es ein besseres Aroma und eine schönere Kruste.

thematischen Kochkurse, die interessierten Hobbyköchen die Zubereitung von Wild, Gänsen oder Fisch nahe bringen. Das gemeinsame Kochen, Lernen und Experimentieren wird am Abend natürlich auch gewürdigt – dann können die Schüler nämlich gemeinsam mit ihren Partnern das Ergebnis ihrer Bemühungen ebenso stolz wie genussvoll verspeisen.

Fröhliche Feste mit Musik, Tanz und Köstlichkeiten aus Küche und Keller des Hauses sind im Hotel am Schloss keine Seltenheit. Am 3. Wochenende im Juni findet alljährlich am Freitag ein großes Sommerfest und am Samstag ein Straßenfest vor dem Haus statt.

Feiertage werden mit glanzvollen Menüs begangen und im Sommer veranstalten die Eberts mediterrane Grillabende. Die abwechslungsreichen Wochenend- und Kurzzeit-Arrangements des Hauses widmen sich neben Genuss und Entspannung der rhein-hessischen Lebensart. Wer im Hotel am Schloss eine Auszeit vom Alltag nehmen will, dem stehen vom rustikalen Schmaus in der Weinstube über ein edles 4-Gang-Überraschungs-Menü bis zur Weinprobe mit rheinhessischer Vesper eine Reihe von attraktiven Angeboten zur Auswahl. Und am Morgen begeistert das umfangreiche Frühstücksbuffet mit selbst gemachten Joghurts und Müslis sowie hausgemachten Marmeladen und selbst gebackenem Holzofenbrot.

Spezialitäten wie Quitten- und Holunderlikör oder Löwenzahnhonig kann man für alle Daheimgebliebenen sogar erwerben. Im Hotel am Schloss fällt es leicht, sich von dem angenehmen Wohlfühlambiente, das Thomas und Brigitte Ebert ihren Gästen vermitteln, umfangen zu lassen. Rheinhessische Gastlichkeit wird hier authentisch und herzlich umgesetzt – viel Spaß beim Genießen!

Eichhof

Eichhof

55232 Alzey

Telefon 0 67 31 / 73 79
Telefax 0 67 31 / 9 80 09

Öffnungszeiten Hofladen:
Mo – Fr: 8.00 – 18.00
Sa: bis 16.00

Hübsche braune und weiße Hühner laufen emsig umher, picken, gackern, scharren, suhlen sich in Sandkuhlen unter Schatten spendenden Bäumen. Was wie eine Szene aus einem Werbespot für glückliche Hühner anmutet, ist auf dem Eichhof in Kettenheim bei Alzey Alltag. Man merkt den ca. 1000 Hühnern der Familie Kunz an, dass sie sich hier, zwischen Stall, Freigehege und der großen Grünfläche, äußerst wohl fühlen. Die gemeinsame Haltung von weißen und braunen Hühnern macht durchaus Sinn. "Die Weißen", weiß Monika Kunz zu berichten, "sind schlauer, aber auch etwas nervöser, während die Braunen sich gelassener verhalten, sich das Wissen ihrer weißen Verwandten aber erst abschauen müssen." Vor 15 Jahren übernahm der diplomierte Agrar-Ingenieur Erhard Kunz Hof und Felder von seinem Vater und spezialisierte sich auf die Haltung von Hühnern. Der größte Teil des Futters, Getreide und Raps, stammt von den eigenen Feldern, Erbsen werden als Eiweißträger zugefüttert.

300 – 600 weiße und braune Eier werden hier täglich gelegt. Der Hauptabsatz erfolgt durch den eigenen Hofladen, der auch vier verschiedene Kartoffelsorten und Äpfel aus eigenem Anbau sowie Gemüse, Nudeln, Obst und Wurstwaren von befreundeten Bauern im Angebot hat. Neben gefärbten Eiern, die hier bereits ab Januar angeboten werden, gibt es seit neuestem auch Eierlikör von Eichhof-Eiern (gebrannt von der Brennerei Schröder, siehe S. 120). Erhard Kunz' Vater beliefert einige Kunden zudem einmal in der Woche direkt mit Eiern und betreibt am Samstag einen Verkaufsstand in Alzey.

Die Hennen kommen im Alter von 20 Wochen auf den Hof. Zunächst lässt man ihnen Zeit, sich an die neue Freiheit zu gewöhnen, denn in der Regel stammen sie aus der Käfigaufzucht. Wenn es ihnen zu kalt oder nass wird, ziehen sie sich in den Stall zurück, wo sich auch die Legenester befinden, die hauptsächlich morgens aufsuchen. Bei schönem Wetter tummelt sich das Federvieh draußen auf der Wiese. Besonders Sportliche begeben sich bei Regen gern auf Regenwurmjagd, andere lieben den gemütlichen Plausch im Freigehege. Auf dem Hof ist genügend Platz für ein geruhsames Hühnerleben. Weit und breit von Feldern und Wiesen umgeben, klappt das Zusammenleben mit dem stolzen Pfau, dem hübschen Pferd von Monika Kunz sowie 16 niedlichen Katzen und dem obligatorischen Hofhund ganz vorzüglich. Den Hühnerstall hat der ideenreiche Landwirt selbst entwickelt. Durch eine intelligent ausgeklügelte Konstruktion reicht die Eigenwärme der Tiere aus, um zu jeder Jahreszeit eine angenehme, gleich bleibende Temperatur zu gewährleisten.

Im Jahr 2003 ist Erhard Kunz auf eine weitere sinn- und genussvolle Idee gekommen. Aus seinem Raps, der jedes Jahr goldgelbe Teppiche übers Land breitet, stellt er ein hochwertiges Öl her, das mit seinem

fein-nussigen Geschmack und seiner gesundheitsfördernden Wirkung schon so viele Abnehmer gefunden hat, dass er den Rapsanbau im Jahr 2004 um etliche Felder erweiterte. Mit seiner kleinen Presse produziert Erhard Kunz kalt gepresstes Öl aus ungeschälten Rapssamen, das dann direkt im Hofladen abgezapft werden kann. Das bei diesem Prozess abfallende Schrot haben wiederum die Hühner zum Fressen gern. Tja, ein Besuch auf dem Eichhof ist

wirklich lohnenswert. Wer die friedlich pickenden Hühner beobachtet, während der Pfau sein Rad schlägt und die Katzenkinder sich balgen, dem kommt auf einmal in den Sinn: "Ich wollt', ich wär' ein Huhn, ich hätt' nicht viel zu tun ..." Aber man müsste schon auf dem Eichhof bei der netten Familie Kunz zu Hause sein!

WEINSTUBE ZUR SANDMÜHLE

**Weinstube Zur Sandmühle
im Weingut Korfmann**

Sandmühle
55234 Wahlheim

Telefon 06731/941765
Telefax 06731/941766

Ruhetage: Mittwoch, Donnerstag

Die zahlreichen rheinhessischen Kreuz-
und Tonnengewölbe gehören ganz sicher
zu den besonderen Kleinoden der Region.
Solch eine Kostbarkeit ist auch in Wahlheim im Süden Rheinhessens zu entdecken.
Die Weinstube zur Sandmühle, die im
Weingut Korfmann ihre Heimat gefunden
hat, ist eine wahre Augenweide. In dem
um 1840 erbauten Kreuzgewölbe mit den
malerischen Säulen und Rundbogenfen-
stern logierten einst die Kühe, heute lässt
es sich, nach aufwändiger und liebevoller
Restaurierung, hier vorzüglich tafeln –
zum Wohl des Genusses und zur Erhaltung
des Gewölbes übrigens rauchfrei!
Ihre Professionalität, die sich Hausherrin
Heike Köngeter in ihrer langjährigen Tätigkeit als Chef de Rang und Restaurantleite-
rin in renommierten Häusern erwarb,

merkt man jedem Handgriff an. Ihre ganz
besondere Herzlichkeit, die sie jedem Gast
entgegenbringt, zeichnet sie jedoch als
außergewöhnliche Gastgeberin aus, die den
Besuch in der Sandmühle zu etwas ganz
Besonderem macht.
Der Liebe wegen zog sie ins rheinhessische
Wahlheim, wo Lebensgefährte Achim
Heinrich Korfmann seit 1994 das elterliche
Weingut führt, das auf eine 240-jährige
Geschichte zurückblickt.
Zu seinen Weinen, zumeist klassisch und
trocken ausgebaute Rebsorten mit einem
sortentypischen, reintönigen Geschmack,
wird inmitten des wahrlich sehenswerten
Ambientes mit moderner Kunst an den
freigelegten Sandsteinwänden eine feine,
regionale Küche serviert.
Heike Köngeter richtet sich in ihrer Spei-

senkomposition nach Jahreszeit und saisonalem Angebot. Ihre Kochbuchsammlung, deren Exponate bis ins 18. Jahrhundert zurückreichen, sind ein Quell der kulinarischen Freuden für ihre Gäste. Mal original übernommen, mal zeitgemäß variiert, treffen die herzhaften rustikalen Schmankerln wie gebackene Blutwurst auf Linsen oder der Kreuzgewölbeteller mit Wildschweinbratwurst und -schinken (aus der hauseigenen Jagd), der mit selbst gemachtem Aprikosensenf serviert wird, auf die feine, regionale Küche. Nicht nur an Ostern, Weihnachten, zum Valentinstag und zur Gänsezeit stehen erlesene Menüs auf dem Programm, auch für Feierlichkeiten aller Art hält die Sandmühlen-Küche eine Fülle von abwechslungsreichen und köstlichen Gerichten wie Kürbisrahmsuppe mit Ingwersahne und Apfelperlen, Wallerfilet auf Balsamico-Rahmlinsen und Orangenpudding nach einem Rezept von 1865 bereit. Tipp: Einen interessanten Einblick in die kulinarischen Genüsse der Sandmühle gewähren der Tag der offenen Weingewölbe im Juni, das Hoffest am 2. Wochenende im Juli und die einmal im Jahr stattfindende kulinarische Weinprobe mit einem exklusiven 6-Gang-Menü, das von zwölf korrespondierenden Weinen begleitet wird.

Orangenpudding nach einem Rezept von 1865

Für 6-8 Personen

Zutaten

6 Orangen
6 Blatt Gelatine
1/8 l Schlagsahne
je 1/8 l Magerquark u. Joghurt
6 EL Zucker

Zubereitung

Orangen auspressen und im Mixer mit dem Fruchtfleisch zerkleinern. Die Gelatine in kaltem Wasser einweichen, Sahne steif schlagen. Zucker mit etwas Orangensaft aufkochen, vom Feuer nehmen und die ausgedrückte Gelatine darin auflösen. Quark und Joghurt in den Mixer zum restlichen Orangensaft geben, kurz durchmixen. Dann in eine Rührschüssel geben und die Saft-Gelatine-Mischung hinzufügen. Das Ganze gut durchrühren. Zum Abschluss die steif geschlagene Sahne unterheben. In Förmchen füllen und für mindestens 12 Stunden kalt stellen. Dazu passen mit Grenadinesirup beträufelte Orangenhälften und Vanilleeis.

BRENNEREI SCHRÖDER

sowohl vom pfälzischen Donnersberg als auch von der rheinhessischen Rheinterrasse, entstehen unter der sachkundigen Hand von Destillateur Gerd Schröder feinste, aromatische Edelbrände und süße, duftende Liköre. Der kurze Transport von Baum, Rebe oder Strauch bis zur Brennerei gewährleistet eine einwandfreie Ware, die ihren maximalen Reifepunkt erreicht hat und damit eine wichtige Voraussetzung für qualitativ hochwertige Spirituosen erfüllt. Gerd Schröders Vater erwarb 1971 das Brennrecht, weil sein Obsthof, der sich auf den Anbau von Äpfeln spezialisiert hatte, aufgrund stetig sinkender Verkaufspreise kaum noch Gewinn einbrachte. Zunächst wanderten nur die hofeigenen Äpfeln in die Destille, dann stieg Familie Schröder in die Lohnbrennerei ein und brannte in der Hauptsache Trester und Weinbrände, da vor allem die Winzer der Region ihre Angebotspalette auf hochprozentigem Gebiet erweitern wollten.

Der Besuch des schönen Hofladens der Brennerei Schröder in Ilbesheim versetzt den Kunden in die gute alte Zeit der Tante-Emma-Läden. Hier in dem kleinen pfälzischen Örtchen, nur einen Steinwurf von der "rheinhessischen Grenze" entfernt, ist, so scheint es, die Welt noch in Ordnung. Familie Schröder kennt die meisten ihrer Kunden mit Namen, und Zeit für einen kleinen Plausch bleibt immer. Seit 1998 bietet der Verkaufsladen die adäquate Kulisse für die hauseigenen Brände, die man hier aus großen Glasballons direkt abfüllen kann. Kunstvolle Designerflaschen und formschöne Gläser bieten die passende Hülle für die hochprozentigen Köstlichkeiten. Frische Backwaren, ein vakuumverpacktes Wurstsortiment, Obst und Gemüse nach saisonalem Angebot, Eier, Kartoffeln sowie Zeitungen, Süßigkeiten und Geschenkartikel bestimmen das Sortiment. Die Hauptrolle gebührt aber unbestritten den köstlichen Edelbränden und Likören des Hauses. Aus frischem Obst der Region,

Brennerei Schröder

Käsgasse 7
67294 Ilbesheim

Telefon 0 63 55 / 98 90 70
Telefax 0 63 55 / 98 90 69

Öffnungszeiten:
Mo – Sa: 6.30 – 12.00, 14.00 – 18.00
Mi + Sa nachmittags geschlossen

Sahne- und Williamslikör garantieren für Hochgenuss.

Wenn Gerd Schröder nicht selbst hochwertiges Obst für den Eigenbedarf ankauft und verarbeitet bzw. für die spätere Verarbeitung in Alkohol konserviert oder tiefgefriert, liefern die Auftraggeber, in der Regel Winzer oder Obstbauern, aber auch Privatkunden, die über ausreichend Obst verfügen, die fertige Maische an, die dann sorgfältig gebrannt, trinkfertig verarbeitet und auf Wunsch abgefüllt wird.

Die Kunden sind jederzeit herzlich zur Verkostung willkommen. Wenn sich größere Gruppen im Hause Schröder anmelden, erläutert Gerd Schröder bei einer Brennereiführung Wissenswertes zur Entstehung der Brände und anschließend kann jeder Teilnehmer seinen persönlichen Lieblingsbrand bei der Probe des gesamten Sortiments (!) für sich entdecken.

Und die Bekanntschaft mit den Schröder'schen Bränden, die sich mit dem Aroma vollreifer Früchte und sanftem Feuer dem Gaumen zeigen, wird sicher noch lange in genussvoller Erinnerung bleiben.

Heute gibt es kaum eine Frucht, die Gerd Schröder nicht in elegante, feine Gaumenfreuden zu verwandeln versteht. Die Angebotsliste umfasst gut 30 verschiedene Brände und Liköre, von denen schon einige erlesene Tropfen bei nationalen Prämierungen silberne und goldene Preise erringen konnten.

Zu den beliebtesten Sorten gehören Mirabellen-, Trester- und Weinbrand, der klassische Williams Christ sowie ein feiner Apfelbrand.

Als "Bauernschnaps" präsentiert sich der herzhafte Obstler, der würzige Kräuterlikör stellt sich als Hexenfeuer vor und auf alle, die es ein bisschen süßer und exotischer wünschen, wartet ein fruchtiger Waikikilikör. Und auch der Schlehen-, Trauben-

WEINGUT MICHEL-PFANNEBECKER

lungspotenzial. Die Weißen begeistern durch ihre an Südfrüchte erinnernden Aromen. Durch eine recht zügige Abfüllung der Jungweine erhalten sie sich ihre natürliche Kohlensäure und bleiben dadurch lange angenehm frisch.

Die tägliche Arbeit im Weinberg steht im Zeichen von Ertragsreduzierung im Sinne höchster Traubengüte. Der kalk- und humusreiche Löß-Lehm-Boden bringt gehaltvolle, mineralische Weine hervor. Nicht selten finden die Pfannebeckers hier jahrtausendealte Fossilien – im Kalkgestein eingeschlossene Muscheln, Korallen oder Schnecken –, die eindrucksvolles Zeugnis über die lange Vergangenheit dieses fruchtbaren Landstriches ablegen.

Statt einer breiten Rebsortenvielfalt setzen die Winzer auf den Facettenreichtum bestimmter Rebsorten. Vor allem Riesling, Silvaner und Spätburgunder wachsen in

Das Weingut der Brüder Gerold und Heinfried Pfannebecker erstreckt sich gleich auf zwei Weingutsgebäude, eines rechts, eines links der Langgasse in Flomborn. Die Mutter der Brüder, eine geborene Michel, lebte einst auf der einen, Vater Pfannebecker auf der anderen Straßenseite – mit der Heirat wurden beide Betriebe vereint. Seit 1980 leiten die Söhne das Weingut und erzeugen hervorragende und hoch dekorierte Gewächse, die den Namen Michel-Pfannebecker über die Grenzen Rheinhessens hinaus bekannt gemacht haben.

Die beiden Brüder zeichnen gleichberechtigt für ihre Spitzenweine verantwortlich. Während Gerold eher im Keller zu finden ist, betreut Heinfried die Weinberge, die sich auf 12 ha in Flomborn und Umgebung erstrecken.

Besonders der Ausbau hochwertiger trockener Weine liegt ihnen am Herzen. Die Rotweine zeigen sich bewusst frankophil; nach langer Reife im Holzfass öffnen sie sich dem Gaumen tanninbetont, rassig und würzig, erinnern an rote Früchte und Gewürze und haben ein gutes Entwick-

Weingut Michel-Pfannebecker

Langgasse 18/19
55234 Flomborn

Telefon 0 67 35 / 35 + 13 63
Telefax 0 67 35 / 83 65

unterschiedlichen Lagen mit unterschiedlicher Bodenbeschaffenheit zu eigenständigen Individuen heran, die auf ihr jeweiliges Terroir verweisen.

So zeigt sich der Riesling Spätlese trocken Westhofener Steingrube fruchtig, sein Aroma erinnert an Pfirsich und Aprikose, sein Pendant vom Eppelsheimer Felsen hat hingegen einen Apfelton, der Riesling Spätlese Flomborner Feuerberg nähert sich reifen, gelben Früchten und verweist mit seiner Mineralität auf seine Lage.

Die beiden bodenständigen Brüder sehen ihre Herausforderung darin, die richtige Traube am richtigen Ort zu platzieren, also die Bedürfnisse der Rebe und die Voraussetzungen des Bodens miteinander in Einklang zu bringen, und dann ihre charakteristischen Wesensmerkmale herauszuarbeiten.

Weinpresse und Fachwelt haben dies längst honoriert. Eine stattliche Anzahl an Weinen erfüllt die anspruchsvollen Qualitätskriterien der Selection Rheinhessen, außerdem gehören die beiden sympathischen Rheinhessen Pro Riesling sowie dem Silvaner Forum an. An den Wänden der gemütlichen Weinprobierstube funkeln so viele goldene Kammerpreismünzen und DLG-Auszeichnungen, dass man damit einen Spitzensportler neidisch machen könnte. Ehrenpreise der Weinbruderschaft St. Katharinen sowie Staatsehrenpreise des Landes Rheinland-Pfalz kommen hinzu und vor fünf Jahren wurde auch der Gault Millau aufmerksam und kürte die Pfannebeckers zur "Entdeckung des Jahres".

Tipp: Wer sich etwas ganz Besonderes gönnen möchte und zu den prächtigen Magnum-Flaschen greift, kann sich an den extravaganten Kunstetiketten, geschaffen von verschiedenen Künstlern wie dem Flomborner Bildhauer Florian Geyer, erfreuen – ein innovativer optischer Genuss, der den Inhalt perfekt zu komplettieren vermag.

SPARGELHOF SIMMET

Technik unterscheidet die ebenso ambitionierte wie herzliche Familie von vielen ihrer Mitstreiter. Zum einen liefern die Simmets ihren Spargel in einem Umkreis von 200 km persönlich aus, z. B. an die Gastronomie, zum anderen versenden sie ihn auch (per DPD) bundesweit. Wer heute ordert (auch über das Internet möglich), kann die starke Stange schon am nächsten Tag fürs Mittagessen einplanen! In den 1980er-Jahren spezialisierte sich Rüdiger Simmet aufgrund der Agrarpolitik, die den Landwirten kaum noch eine faire Überlebenschance gab, auf den Spargelanbau. Zunächst skeptisch beäugt von Berufskollegen, da die Böden hier nicht sandig wie in anderen klassischen Spargelanbaugebieten sind, sondern vielmehr aus Lehm und Löß bestehen. Doch es stellte sich heraus, dass diese humusreichen Böden dem Spargel sogar zugute kommen, da Nährstoffe

Der Spargel gehört zur Familie der Liliengewächse und zählt unumstritten zu den edelsten Gemüsen, die man hierzulande finden kann. Rüdiger, Rosemarie sowie Sohn Torsten und Tochter Annette gehören zur Familie der Simmets und stellen sich seit über 20 Jahren der Aufgabe, hochwertigen Spargel zu kultivieren.

Gut 15 ha bewirtschaftet die sympathische Familie rund um Ober-Flörsheim. Auf dem Hof, der malerisch gelegenen Unteren Mühle, einer einstigen Getreidemühle, die im Mittelalter vom Deutschen Ritterorden erbaut wurde, bieten die Simmets von Mitte April bis zum letzten "Stichtag" am 20. Juni die Königin der Gemüse in 13 verschiedenen Sortierungen an – auf Wunsch auch bereits geschält (in der Ortsmitte von Ober-Flörsheim am Kriegerdenkmal der Beschilderung folgen, die Sie bis zur Mühle führt)!

Auch an verschiedenen Verkaufsständen, z. B. in der Alzeyer Innenstadt, können Feinschmecker den frisch gestochenen Spargel erwerben.

Kundenfreundliche Ideen und modernste

Spargelhof Simmet

Untere Mühle
55234 Ober-Flörsheim

Telefon 0 67 35 / 345
Telefax 0 67 35 / 17 90

verbleibt als Humus auf dem Feld. Im Frühjahr werden dann die Dämme neu gezogen, wobei gilt: Je höher der Damm, desto länger der Spargel. Um den Spargel vor allzu viel Sonne zu schützen, die ihn violett einfärbt, werden Folien ausgelegt. Wenn dann die Grundtemperatur stimmt – vor dem ersten Stechen sollte die Nacht-temperatur nicht unter 10 ºC liegen los. Besonders wichtig ist die adäquate Lage-rung der frisch gestochenen Stangen, denn sie haben ein enormes Energiepotenzial. Ohne Kühlung liegt die Innentemperatur bei bis zu 30 ºC, wobei sämtliche Vitamine und Nährstoffe verloren gehen. Nach der Reinigung in Eiswasser kommt er daher sofort ins Kühlhaus, bevor er mit Hilfe einer modernen Maschine sortiert wird. Anschließend wandert die Stange zurück in die Kühlung, wo sie in regelmäßigen Abständen mit kaltem Wasser berieselt wird und damit knackig-frisch bleibt. Doch keine Stange lagert auf dem Hof der Simmets länger als einen Tag, er wird unverzüglich weiterverkauft oder begibt sich auf seine Genuss versprechende Reise zu jenen Kunden, die den aromatischen Spargel aus Ober-Flörsheim zu schätzen wissen.

länger gespeichert werden und der Spargel selbst widerstandsfähiger und aromatischer wird.

Das ganze Jahr über benötigt die sensible Pflanze viel Zuwendung. Nach der Ernte "schießt sie ins Kraut". Nun bleibt Zeit für eine umfassende Bodenuntersuchung, um herauszufinden, welche Nährstoffe, die der

Spargel dem Boden wie ein Raubritter ent-zieht, wieder zugefügt werden müssen, schließlich verbleibt eine Spargelpflanze ungefähr zehn Jahre im Boden. Werden dann junge, einjährige gegen alte Pflanzen ausgetauscht, kann man erst nach drei Jahren den ersten Spargel stechen.

Im Herbst verwelkt der Spargelwedel und

RHEINHESSENS SCHÖNE DORFKIRCHEN

Rheinhessens imposante Sakralbauten – die Dome zu Mainz und Worms oder die Katharinenkirche in Oppenheim – verweisen als Kulturdenkmäler von weit reichender Bedeutung auf ihre einstige Stellung in der sakralen Welt. Doch auch die kleinen Gemeinden verwahren in ihren Pfarrkirchen so manchen Schatz, der den Besuch lohnt.

Die ev. Pfarrkirche von Uelversheim ist Deutschlands einzige oktogonale Kirche! Die Achteckform setzt die herkömmliche Raumaufteilung außer Kraft und es erschließen sich ganz neue Betrachtungsperspektiven.

Die imposante Kirche in Flonheim wird auch "Dom des Wiesbachtals" genannt und macht mit ihrem auffälligen Doppelturm auf sich aufmerksam.

Schon im Mittelalter nutzten die Pilger auf dem Jakobsweg die Pfarrkirche St. Lambertus in Bechtheim als Wallfahrtsort. Die dreischiffige Pfeilerbasilika mit ihrem mächtigen Wehrturm vereint romanische bis spätgotische Elemente.

An aussichtsreicher Stelle hoch über dem Rheintal haben die Binger dem hl. Rochus im 17. Jahrhundert zum Schutz gegen die Pest eine Kapelle erbaut, die jedoch mehr-

mals niederbrannte und 1895 in ihrer heutigen dreischiffigen Form entstand. Sie birgt den Reliquienschrein des hl. Rupertus und den schönen Hildegardisaltar.

Des Weiteren lohnen das Augustiner-Chorherrenstift in Pfaffen-Schwabenheim als größte im ursprünglichen Zustand erhaltene barocke Klosteranlage in Rheinland-Pfalz, die ev. Johanniskirche in St. Johann mit wertvollen gotischen Wandmalereien und St. Peter in Partenheim mit sieben Altären, interessanten Fresken und Malereien einen Besuch.

WEINGUT DR. HINKEL

Das Weingut Dr. Hinkel in Framersheim blickt auf eine über 300-jährige Weinbautradition zurück – eine Geschichte, die verpflichtet und anspornt zugleich.

Und so beschert die Symbiose aus Tradition und Erfahrung sowie steter Weiterentwicklung dem Weingut regelmäßig anspruchsvolle Auszeichnungen und platziert es in der Meisterklasse der rheinhessischen Winzerbetriebe.

Schon in seiner Dissertation nahm sich Dr. Roland Hinkel dem Thema der "Ertragsreduzierung im Weinberg" an und leistete damit in den 90er-Jahren hierzulande Pionierarbeit.

An zum Teil sehr alten Rebstöcken wachsen fruchtintensive, sortenreine und anspruchsvolle Weißweine. In den letzten Jahren haben aber auch die Rotweine – Dornfelder, Portugieser, Cabernet Sauvignon, St. Laurent sowie Spätburgunder – eine bedeutende Rolle eingenommen und lagern im eigenen Reifekeller im Holz- und Barrique-Fass ihrer Vollendung entgegen. Edle Winzersekte komplettieren das Angebot. Wer nun neugierig geworden ist, dem sei die jährliche Verkostungswoche mit allen Weinen sowie regionalen Schmankerln Ende Juli wärmstens empfohlen.

Das Highlight des Jahres ist jedoch das Weinlesefest am 1. Samstag im Oktober.

Hier können Weinbegeisterte bei der Lese und der anschließenden Kelterung mithelfen. Am Abend gibt es ein gemeinsames Fest mit Musik und Tanz.

Und als besonderes Bonbon erhält jeder Helfer im nächsten Jahr eine Flasche seines selbst gelesenen Weines!

Weingut Dr. Hinkel

Kirchstraße 53
55234 Framersheim

Telefon 0 67 33 / 368
Telefax 0 67 33 / 14 90

127

METZGEREI HAUCK

Metzgerei Hauck

Mainzer Straße 26
55239 Gau-Odernheim

Telefon 0 67 33 / 286
Telefax 0 67 33 / 77 67

Ruhetag: Mittwochnachmittag

Das Paradies für Liebhaber rheinhessischer Wurst- und Fleischspezialitäten liegt in Gau-Odernheim. Erkennbar nicht nur für Eingeweihte am goldenen Fleischwurstring, der über der Tür verheißungsvoll glänzt, und am herzhaft-würzigen Duft frischer Wurst, der den Kunden beim Eintreten sofort umfängt.

Was den Gau-Odernheimern schon immer klar war, wurde nun auch offiziell bestätigt: Die Zeitschrift „Feinschmecker" kürte Norbert Hauck, der seit 30 Jahren und in nunmehr 3. Generation mit seinem Namen für hervorragende Wurst- und Fleischerzeugnisse aus eigener Herstellung bürgt, im Jahr 2004 zum Metzger des Jahres. Mit seinen Spezialitäten setzte er sich gegen 1000 Mitbewerber durch und überzeugte eine anspruchsvolle Jury, der u. a. Sternekoch Alfons Schubeck angehörte.

Der engagierte Chef des Hauses und seine 13-köpfige Mannschaft überlassen in puncto Qualität nichts dem Zufall. Seit drei Jahrzehnten beliefert derselbe rheinhessische Mast- und Zuchtbetrieb das Haus mit Rind- und Kalbfleisch, die Schweine kommen aus der nahen Pfalz.

Kurze Wege, artgerechte Aufzucht und Fütterung, kein Schlachtstress – dies sind die Qualitätsmaßstäbe für Norbert Hauck und seine Lieferanten. Er ist stets bestrebt, seine Kunden für diese wichtigen Grundvoraussetzungen für aromatische, hochwertige Fleischqualität zu sensibilisieren und über die Unterschiede zu billiger Massenware aufzuklären.

oder Kentucky-Schinken mit Ananas und Whisky garantiert. Auch mit Winzern der Region geht Hauck gerne eine lukullische Verbindung ein.

So wurden beim 1. Rheinhessischen Wein- und Wurstforum ein Dutzend Weine zu einem dazu harmonisierenden Wurst- und Fleischmenü verkostet!

Und die umfangreiche Angebotspalette des Hauck'schen Catering-Service "Schlemmerland" macht nicht zuletzt so manches Fest in der Region zu einem glanzvollen kulinarischen Ereignis. Panierte Blutwursttaler im Walnussmantel, italienische Fleischwurst mit Oliven oder Saumagen mit Maronenfüllung, mit Riesling und Weinlaub verfeinerter Schinken, Entenbrust mit Morchel-Geflügelfarce, Schweinefilet mit Spinat-Käse-Füllung – die Hauck'schen Spezialitäten sprechen eine anspruchsvolle Gourmet-Sprache. Und zugleich ist die schöne Metzgerei in Gau-Odernheim noch immer ein Ort, an dem das zuvorkommende Verkaufsteam um Ehefrau Andrea Hauck fast alle Kunden mit Namen anspricht und stets Zeit für ein kleines Schwätzchen bleibt. Für diese Fusion aus rheinhessischer Herzlichkeit und feinsten Gourmandisen müsste man einen neuen Preis kreieren – den Wurst-Oscar!

Die Auszeichnungen bremsen Norbert Hauck nicht in seinem unermüdlichen Bestreben, seine Heimat in seinen Produkten widerzuspiegeln, und das auf anspruchsvollstem Niveau, das sich neuen Entwicklungen in der Gastronomie nicht verschließt.

Beste Rohware und kreative Lust am Experimentieren mit Aromen, Gewürzen und Zutaten bestimmen das Wurst- und Fleischsortiment. Zu den Spezialitäten gehört unumstritten die Fleischwurst, die auch als "Firmenwappen" auserkoren wurde und täglich frisch aus dem Kessel kommt. Im Mai 2004 wurde die Köstlichkeit einmal mehr vom Fleischerverband mit der Goldmedaille ausgezeichnet.

Auch die Hausmacher Wurstsorten, sowohl die klassischen als auch exklusive Kompositionen wie Winzer-Leberwurst mit Trauben und Weinlaub oder Dornfelder-Blutwurst, sind ein wichtiger Bestandteil des Sortiments.

"Essen ist für mich Kultur, wir sollten nicht essen, um satt zu werden, sondern um bewusst zu genießen", erklärt Hauck seine Philosophie.

Der Genuss ist bei dem mit Majoran-Kartoffeln gefüllten Spanferkel, Weinbrandschinken mit beschwipsten Asbachtrauben

Würtz – Königsmühle
Weingut und Weinkontor

Königsmühle
55239 Gau-Odernheim

Telefon 0 67 33 / 94 86 01
Telefax 0 67 33 / 94 86 02

"Wein ist ein regionales Kulturgut und wir machen hier einen Heimatwein, der seine Herkunft nicht verleugnet!" So beschreibt Dirk Würtz, der in der Königsmühle am Rande Gau-Odernheims seinerseits ein adäquates Zuhause gefunden hat, seine Weinphilosophie. Ihn schlicht als Winzer zu bezeichnen, wäre unzureichend. Er lebt mit und für den Wein, und so bewirtschaftet er nicht nur die eigenen sechs ha umfassenden Weinberge, sondern vertreibt mit dem Weinkontor auch große Weine der Alten und Neuen Weinwelt – und das konsequent kompromisslos. Sein Lebenslauf unterscheidet sich vom klassischen Ausbildungsweg eines Winzers ebenso deutlich wie einer seiner Rieslinge von einem 99-Cent-Wein aus dem Tetrapack. Nach dem Studium der Betriebswirtschaft, Politologie und Philologie und langjähriger Tätigkeit in der Gastronomieszene erlernte er im höchst renommierten Weingut Weil im Rheingau die Kunst des Riesling-Machens auf höchstem Niveau. Dann zog es ihn zurück nach Rheinhessen und er ging in der Königsmühle ein "weinsinniges Jointventure" mit anderen "Weinverrückten" ein.

Seitdem wird hier Wein gemacht, Wein aus aller Welt – u. a. große Tropfen aus den

tan, die Weine werden nicht unnötig filtriert oder verfeinert, sie behalten ihr Eigenleben und ruhen relativ unbelästigt ihrer Vollendung entgegen. Die reduzierten Erntemengen bringen charakterstarke, viel beachtete und durchweg positiv bewertete Individualisten hervor, die auf eine erfolgreiche Zukunft des Weingutes verweisen. Ihm zur Seite stehen Ehefrau Gabriele, die sich als "Seele des Ganzen" um die Organisation des Weingutes kümmert, sowie Eco-vin-Winzer Hubertus Weinmann, welcher mit seiner langjährigen Erfahrung bestens für die Bedürfnisse der ökologisch bewirtschafteten Weinberge des Betriebs sorgt. Zur erlesenen Klientel, zu der sich übrigens auch Bundeskanzler Gerhard Schröder zählt, gehört die Spitzen-Gastronomie und -Hotellerie in ganz Deutschland.

Doch auch hier in Gau-Odernheim begleiten die Weine außergewöhnliche Veranstaltungen. Die jährliche Jahrgangspräsentation im Frühsommer, das Sommerfest im Juli sowie die Dinner-Partys, die sich Themen wie Trüffel oder mediterranen Gourmandisen widmen, locken regelmäßig Gourmets und Weinkenner aus Nah und Fern in die Königsmühle.

Kulinarisch unterstützt wird das Team dabei von den Gastronomen Michael Beck und Thomas Heinicke, die ihrerseits ein anspruchsvolles kulinarisches Know-how einbringen.

Regionen Bordeaux und Burgund – gehandelt, Wein aus Rheinhessen in die Welt gebracht – und natürlich des Öfteren auch Wein genossen. Statt möglichst breiter Rebsortendiversität setzt Würtz hauptsächlich auf die beiden rheinhessischen Königsklassen: Riesling und Spätburgunder. Geerntet

wird, "wenn uns die Trauben schmecken; der Blick auf die Oechslegrade ist sekundär, genaues Beobachten und Verkosten des Lesegutes – das ist wichtig", meint Würtz selbstbewusst. Er agiert als Kellermeister mit dem Grundsatz des „kontrollierten Nichtstuns". Der Most vergärt spon-

Unter dem Motto "Rheinhessen – skandalös gut!" fand im April 2004 zum ersten Mal ein Wein- und Gourmet-Festival statt, das Dirk Würtz als Initiator verantwortete. Das Beste aus rheinhessischen Kellern, mal perfekt ergänzt von illustren Kochkreationen anerkannter Spitzenköche, mal im Vergleich mit anderen bedeutenden Weinregionen, wird hier auch in Zukunft im Mittelpunkt des Geschehens stehen. Und wer Dirk Würtz kennt, der weiß, dass dann wieder fern jeder steifen Festival-Etikette Spaß und Genuss im Vordergrund stehen werden.

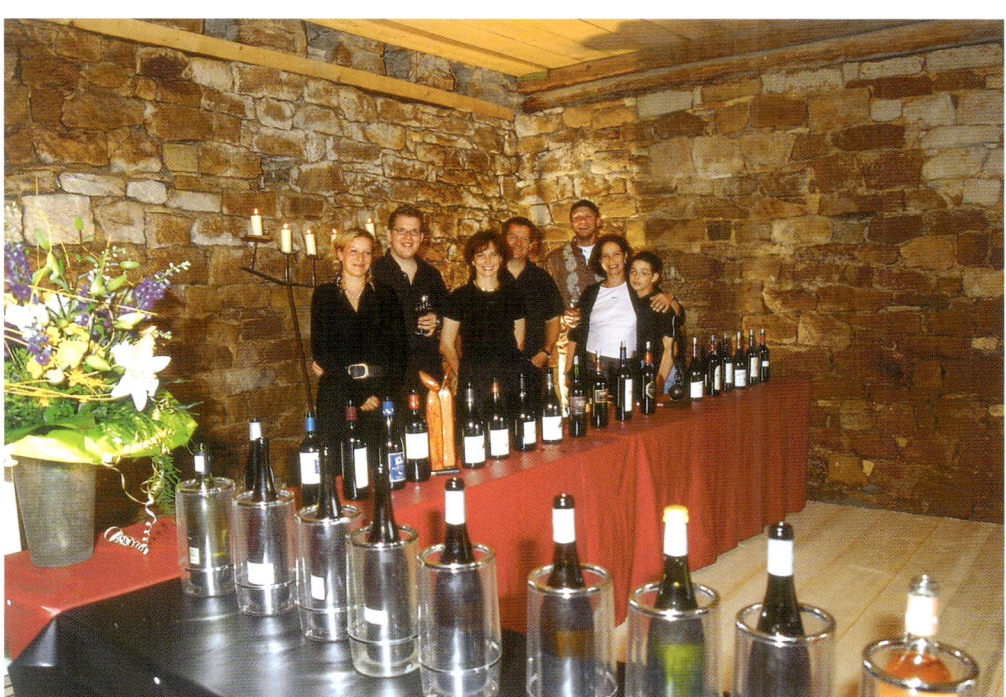

Das Jahr im Weinberg

Es braucht schon viel Zeit, Energie und Handarbeit, um den Weinberg das Jahr über so zu pflegen, dass man im Herbst hochwertige, gesunde Trauben lesen kann. Das Jahr im Weinberg beginnt mit dem ersten Rebschnitt – die alten Reben werden auf ein bis zwei Fruchtruten reduziert, die im März/April vor dem Austrieb neuer Triebe gebogen werden. Die jungen Triebe werden dann in den Drahtrahmen eingeheftet, damit sie gerade nach oben wachsen und nicht abbrechen.

Nach der Rebblüte, etwa Mitte Juni, wird der Rebwuchs gestoppt, damit die Energie fortan in die Beeren investiert wird. Der Sommer gehört Laubarbeiten und der Bodenpflege, z. B. ständige Lockerung und Kleinhaltung der Wildkräuter, sowie ertragsreduzierenden Maßnahmen. Wilde Triebe werden entfernt, der Rebstock entblättert, damit die Sonnenstrahlen besser zu den Trauben durchdringen, und auch die Traubenmenge selbst wird reduziert, damit die Nährstoffe aus den Wurzeln sich auf einige wenige Trauben konzentrieren, denn es gilt: Qualität vor Quantität. Von

Mitte September bis Ende Oktober ist Lesezeit. Die Eigenschaften der Rebsorte und ihr Mostgewicht, der so genannte Öchslegrad, bestimmen den Zeitpunkt der Ernte. Nun ist es wichtig, ausschließlich vollreifes, gesundes und einwandfreies Lesegut in den Keller weiterzugeben, wo das Geschick der späteren Weine dem Können des Kellermeisters überantwortet wird. Im Weinberg kehrt indessen Ruhe ein – bis im nächsten Jahr der Kreislauf von Neuem beginnt.

WEINGUT SCHMAHL

"**W**er Lust auf ein gutes Glas Wein verspürt, ist bei uns immer willkommen", meint Anneliese Schmahl mit verschmitztem Lächeln. Seit 1979 führt die herzliche Rheinhessin mit Ehemann Ernst Willi Schmahl das Familienweingut, im Jahr 1990 zogen das Winzerpaar sowie die Töchter Kerstin und Carolin an den Ortsrand von Albig, unweit ihrer idyllischen Weinlagen Schloss Hammerstein, Hundskopf und Homberg.

Neben Riesling, Burgunder, Silvaner und Co. bildet der Rotwein einen eigenen Schwerpunkt mit Spätburgunder, Dornfelder und Portugieser sowie Regent, Schwarzriesling und St. Laurent. Die Weinberge werden im Einklang mit der Natur bewirtschaftet, die Weine sorgfältig und schonend ausgebaut. Strenge Selektion trennt das Durchschnittliche vom Besten, nur Weine von höchster Qualität werden im Hause Schmahl überhaupt erst vinifiziert und später abgefüllt.

Die Präsentation der feinen Gewächse folgt dem Motto: Alles ein bisschen anders. Anneliese Schmahl organisiert Grill- und Sommernachtsfeste mit Lagerfeuer im Weinberg, und ihre geführte Weinbergswanderung "Fit mit Wein" bringt Körper, Geist und Wein in Einklang.

Wenn der hübsche Pavillon vor dem Haus fertig gestellt ist, heißt es: Wenn der Besen hängt, wird ausgeschenkt! Dann verwandelt sich der gemütliche Hof der Schmahls an jedem Wochenende im Sommer zur Freiluftstraußwirtschaft.

Weingut Schmahl

Bahnhofstraße 11
55234 Albig

Telefon 0 67 31 / 18 68
Telefax 0 67 31 / 101 66

Rheinhessische Schweiz – Kirchen, Kräuter und Kultur

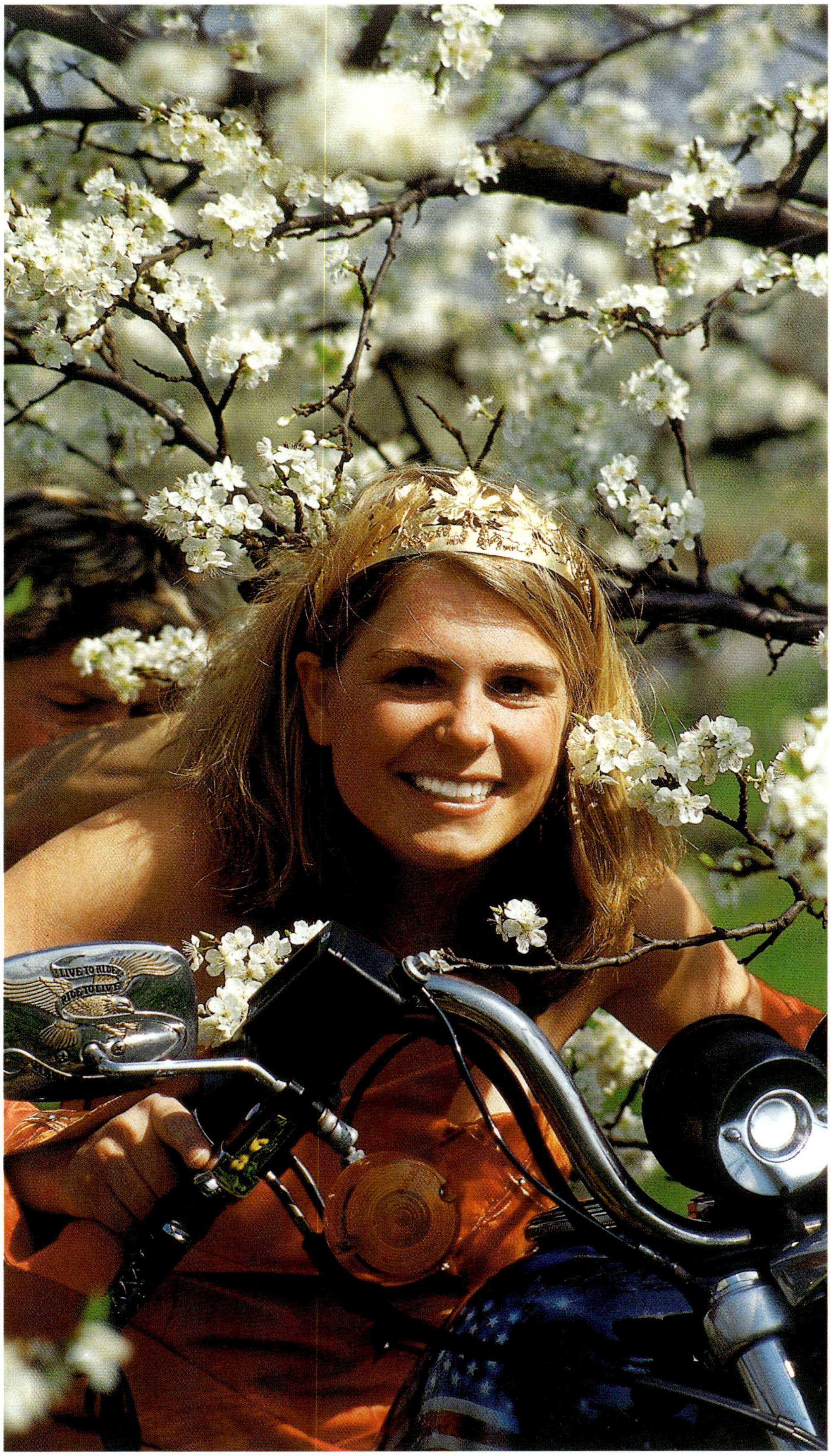

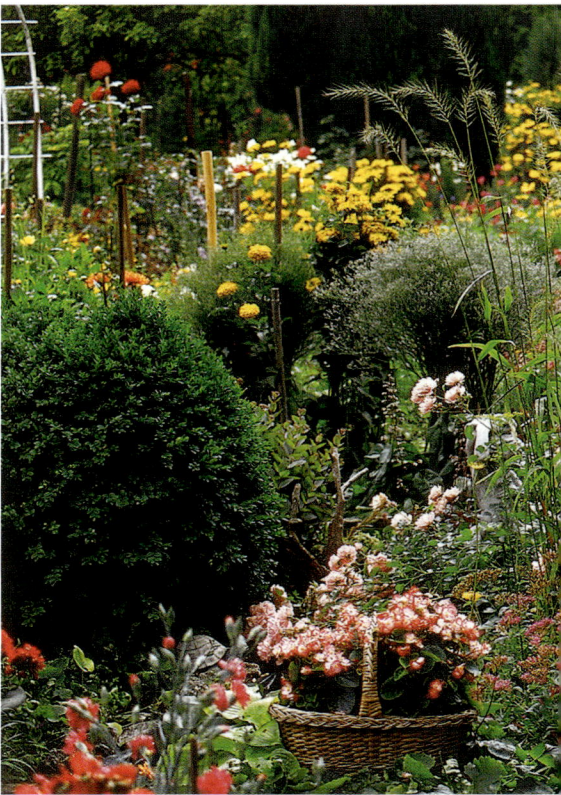

Die Rheinhessische Schweiz bietet mit ihren sanft geschwungenen Hügeln, die von Reben, Wiesen und Feldern mit einem grünen Fleckenteppich überzogen werden, wahrlich idyllische An- und Ausblicke. Als Ausläufer des nordpfälzischen Berglandes hebt sich der Landstrich zwischen Alzey und Bad Kreuznach aus dem sonst recht flachen Rheinhessen heraus. Hier kann der Wanderer sogar das ein oder andere Waldstück entdecken sowie Naturschutz- und Heidegebiete mit seltenen Pflanzen und Tieren erkunden.

Reizvolle Ausblicke in die Natur, z. B. von der Oswaldhöhe oder dem Teufelsrutsch bei Wendelsheim/Nack, wechseln sich ab mit idyllischen Gemeinden mit alten Dorfkirchen, prachtvollen Bürgerhäusern, romantischen Winzerhöfen und historischen Stadtbefestigungen. Der Sandstein prägt das Gesicht der Dörfer auf reizvolle Weise. Wendelsheim mit dem ehemaligen Schloss der Rheingrafen ist ein legendenreiches Eckchen. In der Umgebung liegt die Höhle des Räuberhauptmanns Schinderhannes,

der im 18. Jh. sein Unwesen trieb. Er über-
fiel die franz. Besatzungssoldaten und ver-
teilte das Diebesgut an die Armen, was ihn
zwar zum Volksheld erhob, aber seinen
Hals 1803 auch unter die Guillotine im
Mainzer Stadtpark brachte!

Flonheim, schon von den Römern besiedelt, wurde vor allem durch seinen Sandstein bekannt, der sogar beim Bau des Köl-
ner und Mainzer Doms Verwendung fand.
Der große Steinbruch und die verkehrs-
günstige Lage des Ortes – Rückwegstation
für die Leinereiter, die die Rheinschiffe
einst mit Pferd und Seilen rheinaufwärts
ziehen mussten – verschafften den Flonheimer Bürgern Ansehen und Reichtum.
Die barocken Bürgerhäuser zeigen reiche
Portale und Fassadenschmuck. Vom einstigen Augustiner-Chorherrenstift Kloster St.
Maria und der mittelalterlichen Wehrmauer
sind noch Reste erhalten. Das Rathaus
wurde im 17. Jh. erbaut und hat eine
schöne Eingangshalle mit Portalen und
Verkaufserkern sowie einen Treppenturm
zu bieten.

Eine seltene Sehenswürdigkeit ist die imposante doppeltürmige Kirche, der "Dom
des Wiesbachtales", mit schöner Mutter-
gottesfigur. Aufmerksam machen auch die
Trulli genannten Weinbergshäuschen, die
im 18. Jh. von apulischen Steinmetzen aus
Flonheimer Sandstein erbaut wurden (siehe
auch "Flonheims Trulli").

Das Wahrzeichen des Wein-, Kräuter- und
Kulturdorfs Eckelsheim, die Beller Kirche,
ist zum Symbol für die ganze Region geworden: Die spätgotische Wallfahrtskirche
datiert ins 16. Jh. und ihre Ruine bot bis
1902 die Kulisse für den weithin bekannten Beller Markt. Heute dient sie dem
Wein-Intermezzo (vorletzter Samstag im
Juli) sowie kulturellen Veranstaltungen als
sehenswerte Bühne.

Die Natur rund um Siefersheim lädt mit
Steppengräsern und Heideflächen, seltenen
Tieren und Pflanzen und aromatischen
Wildkräutern zur Entdeckungstour. Ziel
vieler Weinbergswanderungen ist der zin-
nenbekrönte Ajaxturm.

Wöllstein markiert das Tor zur Rheinhessischen Schweiz und leitet den Übergang
vom Rheinhessischen Hügelland zum Pfälzer Bergland ein. Die Gegend um die Gemeinde ist geprägt von dem idyllischen
Landschaftsschutzgebiet "Haarberg" und
lädt ein zu romantischen Spaziergängen
und romantischen Radtouren. Die ev.
Pfarrkirche ist eines der ältesten Gebäude
der Stadt. Im Inneren sind die Holzkanzel,
der spätgotische Taufstein von 1507 und
die Chorfenster, ein Werk des Kunstmalers
Stein, sehenswert. Die imposante kath.
Pfarrkirche St. Remigius mit ihrem prachtvollen Eingangsportal mit Fensterrosette
wurde 1906 – 1908 erbaut.

Auf dem Weg gen Norden lohnt die unter
Denkmalschutz stehende Kreuzkapelle auf
dem Wiesberg bei Gau-Bickelheim einen
Abstecher.

DOHLMÜHLE

Weingut, Weinrestaurant, Vinothek und Weinstube Dohlmühle

An der Dohlmühle 1
55237 Flonheim

Telefon 0 67 34 / 94 10 - 10
Telefax 0 67 34 / 94 10 - 20

Weinstube:
Donnerstag-Sonntag geöffnet
Restaurant: Freitag-Sonntag geöffnet

Einige Superlative verlangt es der Autorin schon ab, wenn sie die imposante Dohlmühle in Flonheim zu beschreiben versucht. Das weitläufige, harmonisch abgestimmte Sandsteinensemble besticht durch ein wirklich außergewöhnliches Ambiente, das den Besucher imaginär in südlichere Gefilde versetzt, verbreiten hier doch 16 verschiedene Palmenarten, darunter über 30 Jahre alte Exemplare, viel mediterranes Lebensgefühl.

Unter der professionellen, innovativen Leitung der Familie Stütz haben sich das 33 ha große Weingut, das anspruchsvolle Restaurant sowie die gemütliche Weinstube mit Vinothek einen hervorragenden Namen in der Gastronomie- und Weinszene des Landes gemacht.

Im Weinberg wird nach ökologischen Grundsätzen gearbeitet. Natürlich begrünte Rebhänge und geringster Einsatz von Pflanzenschutz sorgen für ein Kleinklima, in dem sich Rebstock und Nützlinge wohl fühlen. Ein schonender, sortentypischer Ausbau des zum Teil sogar selektiv per Hand geernteten Lesegutes teilt die mit ca. 20 Rebsorten recht umfangreiche Sortenvielfalt in fruchtig-frische Weißweine sowie elegant-aromenreiche und im Holz- und Barriquefass ausgebaute Rotweine.

Im Restaurant Weingewölbe treffen sich die Weine dann mit mal regional verhafteten, mal mediterran verspielten Speisenkompositionen zur lukullischen Hochzeit, umgeben von einem romantischen Tonnengewölbe, das die Genüsse aus der anspruchs-

GEBRATENES ZANDERFILET UNTER DER PARMESANKRUSTE MIT WARMEM CHICOREESALAT AUF THYMIANSAUCE
Für 2 Personen

Zutaten

360 g Zanderfilet
2 Zitronen
Salz, Pfeffer, Paprika
50 g Parmesan, gerieben
2 EL Pflanzenöl
1 EL Butter
3 EL Olivenöl
1 EL Balsamessig
1 TL Honig
2 TL Sojasauce
3 Chicoree
2 Strauchtomaten
0,1 l Sahne
1/2 TL Thymian, gehackt
0,05 l Weißwein

Zubereitung

Zanderfilets mit Zitronensaft, Salz, Pfeffer und Paprika würzen, in heißem Öl von beiden Seiten unter Zugabe der Butter kurz anbraten. Dann herausnehmen, in eine feuerfeste Form geben und im auf 200 °C vorgeheizten Ofen überkrusten.

Den Bratensatz in der Pfanne mit Sahne ablöschen und reduzieren lassen. Mit Thymian, Wein, Salz, Pfeffer und Paprika abschmecken.

Aus Olivenöl, Balsamessig, Honig, Sojasauce und Saft 1/2 Zitrone ein Dressing anrühren. Die einzelnen Blätter des Chicoree lösen, für 5 Min. in Zitronenwasser legen (reduziert Bitterstoffe), dann fingerbreit schneiden. Tomaten blanchieren, häuten, vierteln und entkernen. Dann mit Chicoree und Dressing in einem Topf erwärmen.

Zander mit dem Salat anrichten und mit der Thymiansauce umgießen. Dazu passt Reis.

---

volle Gourmetküche unter der Ägide von Rolf von der Heide mehr als würdig umfasst.

In der lichtdurchfluteten Weinstube werden südlich inspirierte Spezialitäten serviert, die den Dohlmühlen-Weinen bestens zur Seite stehen. In dem durch seine offene Dachkonstruktion bestechenden Ambiente hat auch die Vinothek ihren Platz gefunden, die alle Kreszenzen des Weingutes sowie Geschenkideen rund um den Wein ansprechend vorstellt und viel Lust auf die Verkostung vor Ort macht.

Bekannt ist die Dohlmühle, übrigens eine der ältesten Mühlen des Wiesbachtals, auch für außergewöhnliche Events, die Kunst,

Genuss und Wein besonders stilvoll und kreativ zu verpacken wissen. Neben dem "Frühlingszauber", einer kulinarischen Weinprobe mit Musik, dem Jazz-Brunch an Pfingsten, dem Hoffest am 3. August-Wochenende und der Wein- und Sektsoiree (31.10.) setzt vor allem die "Weintafel" (2. Sa./Juli) ein fulminantes, extravagantes Glanzlicht: An einer viele Meter langen Tafel wird ein erlesenes Menü aus der Weingewölbeküche zur musikalischen Darbietung hochrangiger Künstler serviert, die Gäste genießen die Darbietung in Abendrobe unter freiem Himmel – das ist Erlebnisgastronomie auf Höchstniveau!

WEINKELLEREI-WEINGUT KESSLER-ZINK

**Weinkellerei-Weingut
Kessler-Zink GmbH**

An der Dohlmühle 3-5
55237 Flonheim

Telefon 0 67 34 / 94 10 - 0
Telefax 0 67 34 / 94 10 - 20

Die Weinkellerei Kessler-Zink – wie die Dohlmühle im Besitz der Familie Stütz – bringt hochwertige Weine aus Rheinhessen, Deutschland und Europa auf das deutsche und internationale Weinparkett.

Von Flonheim aus treten anspruchsvolle Weiß- und Rotweine, Sekte und Spirituosen ihre Reise zu führenden Getränke- und Weinhandelsunternehmen zwischen Deutschland und Japan an und tragen dazu bei, den guten Namen Rheinhessens in die Welt zu tragen.

1985 gliederte Familie Stütz die in den 30er Jahren gegründete Privatkellerei ihrem Weingut Dohlmühle an und etablierte damit die erfolgreiche Symbiose aus den in der Weinkellerei gehandelten und in den eigenen Weingütern produzierten Weinen.

Klar strukturierte Etiketten und eine eindeutige Klassifizierung von trocken bis edelsüß geben den Linien – Rebsorten- und Rheinhessenweine, italienische und französische Weine, Erzeugerabfüllungen sowie das Dohlmühle-Classic-Sortiment – ein einheitliches Erscheinungsbild.

Ein langjähriger, vertrauensvoller Kundenkontakt, zuverlässige Lieferung, verlässliche Qualität sowie das weitsichtige Gespür für die Bedürfnisse des Marktes sind die Pfeiler, auf die das Unternehmen seinen Erfolg gründet. Damit positioniert sich Kessler-Zink als perfekter Vermittler zwischen Produktion und Vermarktung und wird letztlich zum Bindeglied zwischen dem Winzer und köstlichem Wein in Ihrem Glas!

FLONHEIMS TRULLI – EIN HAUCH ITALIEN IN RHEINHESSEN

Weinbergshäuschen, die sich überall in Rheinhessen zwischen den Reben gen Himmel erstrecken, erbauten die Winzer zum Schutz gegen Regen, Sturm und Kälte oder als Rückzugsgebiet bei starker Hitze. Man schätzt, dass es derzeit noch etwa 120 solcher "Wingertshaisjer" mit reicher Formenvielfalt gibt, die ältesten datieren ins 18. Jahrhundert.

Ganz besonders außergewöhnliche Exemplare hat die Rheinhessische Schweiz und im Besonderen Flonheim zu bieten. Die weiß leuchtenden, runden, sich konisch zuspitzenden Bauten mit ihrem charakteristischen Schlussstein versetzen den Betrachter gedanklich in südliche Gefilde.

Nicht umsonst nennt man diese Gebäude Trulli, auch wenn ihre Herkunft nicht ganz einwandfrei erwiesen ist. Apulische Bauern kamen im 18. Jahrhundert nach Flonheim, um in den hiesigen Sandsteinbrüchen ihrer harten, aber einträglichen Beschäftigung nachzugehen.

Die Arbeit war mühevoll und staubig, die Heimat fern. So stillten sie ihren Durst mit reichlich Rheinhessenwein und ihr Heimweh mit dem Bau der Trulli nach dem Vorbild heimischer Wohnhäuser. Nicht ganz freiwillig, wie man glaubt. Die italienischen Gastarbeiter werden mit dem Bau ihr Zechgeld abbezahlt haben, vermutet man in Flonheim. Wie auch immer es zu ihrer Entstehung kam: Die Trulli der Rheinhessischen Schweiz sind in dieser Form einmalig in Deutschland und wirklich sehenswert. Heute dienen sie als Anlaufstation für Weinbergswanderungen oder als Kulisse für Weinproben im Weinberg.

ESPENHOF

Landhotel & Weinrestaurant Espenhof

Hauptstraße 76
55237 Flonheim-Uffhofen

Telefon 0 67 34 / 96 27 30
Telefax 0 67 34 / 94 04 50

Ruhetag: Montag

In Flonheim-Uffhofen erlebt der Gast im familiär geführten Landhotel Espenhof, dem "Gastgeber des Jahres 2003", eine eigenständige rheinhessische Genießer-Welt. Unter einem Dach kann man vorzüglich speisen, die klassischen Weine der Region genießen und des Nachts behaglich schlummern.

Heike und Wilfried Espenschied haben den Familienbesitz aufwändig restauriert und dabei historische und neue Bausubstanz harmonisch miteinander verwoben. Geprägt von seiner reizvollen Sandsteinarchitektur strahlt das Anwesen mediterrane Eleganz aus. Der romantische Innenhof verbindet das Hotel mit neun anspruchsvoll ausgestatteten Zimmern mit dem niveauvoll-zeitgemäß inszenierten Restaurant.

Die auf regionalen Produkten basierende Kreativküche vereint traditionelle mit klassischen und exotischen Gerichten zu einer einfallsreichen Aromen-Fusion. So trifft sich die Lachsforelle mit Kartoffel-Lauch-ragout auf Curry-Kokossauce, die Schweinelende auf Lavendel-Rosmarinjus schmiegt sich an Sesamkartoffeln und fruchtig-frisch zeigt sich das Melonensüppchen mit Minze und Portweinmurmeln. Die Speisekarte empfängt den Gast alle sechs bis acht Wochen mit neuen Gerichten und begleitet das Jahr kulinarisch von Fisch und Spargel bis hin zu Kürbis, Gans und Wild.

Auf der Terrasse werden im Sommer weinige Spezialitäten wie Odenwälder Käse mit in Scheurebe marinierten Zwiebeln oder rheinhessisches Leberwurstpotpourri serviert. Während Heike Espenschied sich

BACKESBRATEN
Für 4-6 Personen

Zutaten

1,5–2 kg Schweinerücken
1 kg mehlig kochende Kartoffeln
2 Karotten
1 Zwiebel
1,5–2 kg grüner u. weißer Spargel
1 Bd. Majoran, gehackt
0,5 l Fleischbrühe
0,3 l Weißwein, trocken
0,4 l Sahne
Öl
Mondamin
Salz, Pfeffer
1 Pr. Muskat

Zubereitung

Zwiebel, Karotten und Kartoffeln schälen, fein würfeln und in heißem Öl anschwitzen. Mit Brühe und etwas Wein ablöschen, mit Salz, Pfeffer, Muskat und Majoran abschmecken. Köcheln lassen, bis die Kartoffeln zu verfallen beginnen.
Schweinerücken parieren, der Länge nach eine Tasche hineinschneiden. Gemüse und Kartoffeln in einen Spritzbeutel ohne Tülle geben, den Schweinerücken damit füllen. Außen salzen und pfeffern, dann kurz scharf anbraten. Nun im Verhältnis 2:1 Wein und Sahne angießen, bis der Braten zur Hälfte bedeckt ist. Im vorgeheizten Backofen bei 160–180 °C 45–60 Min. garen. Abschließend Sauce evtl. nachwürzen, leicht abbinden und mit Majoran abschmecken.
Weißen Spargel schälen und mit dem grünen ca. 20 Min. in Salzwasser garen. Gemeinsam mit dem Backesbraten und der Sauce anrichten.

in Hotel und Restaurant um ihre Gäste kümmert, zeichnet Ehemann Wilfried für das Weingut verantwortlich. Die mit vielen nationalen wie internationalen Auszeichnungen bewertete Wein-Auswahl wird in der Hauptsache von trockenen, klassisch ausgebauten Rheinhessen vom Riesling bis zu den Burgundern bestimmt, die sich mal elegant-fruchtig, mal spritzig-leicht, mal kostbar edelsüß und mal tiefrot und schwer nach langem Schlaf im Barriquefass präsentieren.
Gute Gelegenheiten, den Espenhof kennen zu lernen, bieten das Hoffest am 1. Augustwochenende mit Live-Musik, Köstlichkeiten aus der Küche des Hauses und Weindegustationen, romantische Candle-Light-Dinner mit 4-Gang-Menü und korrespondierenden Kreszenzen, Wellness-Wochenenden mit vielfältigen Entspannungsmöglichkeiten, themengebundene "Wine-&-Dine-Menüabende" oder fröhliche Jazzfrühschoppen mit Brunch. Auf Wunsch können die Gäste auch geführte Nordic-Walking- oder Fahrrad-Touren buchen, ein Farbberatungs-Seminar besuchen oder zu einem der berühmten Trulli in den Weinbergen wandern. Und am Ziel winkt natürlich ein guter Tropfen aus dem Hause Espenschied!

Kulturhof Eckelsheim

Kirchstraße 5
55599 Eckelsheim

Telefon 0 67 03 / 30 14 58
Telefax 0 67 03 / 30 15 65

Ruhetage: Montag, Dienstag

„Was hier passiert, das ist Rheinhessen", haben sich die Verantwortlichen der „Initiative Dorf Entwicklung Eckelsheim" (IDEE) auf die Fahne geschrieben, und sie präsentieren mit dem Kulturhof Eckelsheim, eines der engagierten Projekte des gemeinnützigen Vereins, ihre Heimat auch tatsächlich mehr als eindrucksvoll. Innerhalb von drei arbeitsreichen Jahren erwachte die jahrelang vernachlässigte rheinhessische Hofreite „Hof Gerlach" zu neuem Leben und verwandelte sich in ein sehenswertes Gesamtensemble, das die alte Bausubstanz behutsam bewahrte und sich trotz der Verwendung ausschließlich heimischer Baustoffe zugleich auch einer modernen zeitgemäßen Architektur öffnete.

Vier Ebenen verschmelzen in der einstigen Scheune zu einer harmonischen Einheit, bestimmt von der perfekt inszenierten Verbindung von Holz, Metall und Naturstein. Wenn bei schönem Wetter die Plätze im Freien zum Verweilen einladen, kann man das harmonische Ensemble aus Wohnhaus, Stallungen und Scheune mit seinen warmen Farben und den alten Ziegeln erst richtig bewundern.
Im Mittelpunkt steht ein gastronomisches Angebot, das die rheinhessische Küche in den Fokus rückt und sie frisch, einfallsreich und an den vier Jahreszeiten orientiert darbietet.
Alex Greiner, neben Dr. Wolfgang Maus Geschäftsführer und zugleich Küchenchef

ECKELSHEIM

ZANDERFILET MIT KARTOFFELKRUSTE AUF MILDEM WEINKRAUT

Zutaten

4 Zanderfilets ohne Haut und Gräten
Salz, Pfeffer
Mehl
300 g rohe Kartoffeln, geschält
400 g Weinkraut
trockener Weißwein
Butter
20 Kirschtomaten
50 g Schalotten
weiße Pfefferkörner
Cayennepfeffer
Fischfond
250 g Sahne

Zubereitung

Weinkraut unter fließend Wasser abspülen, mit Weißwein aufsetzen und weich dünsten. 80 g Butterstückchen einmischen. Zanderfilets trocken tupfen, würzen, in Mehl wenden. Kartoffeln reiben und würzen. Fett in eine beschichtete Pfanne geben, Kartoffelmasse in der Größe der Zanderfilets portionsweise in die Pfanne geben, Zander darauf legen und Kartoffelmasse goldgelb backen. Wenden und im vorgeheizten Backofen 6-8 Minuten fertig garen. 200 ml Weißwein mit Schalottenwürfeln und zerdrückten Pfefferkörnern einkochen, mit etwas Fischfond auffüllen. Weiter reduzieren, Sahne zufügen, mit Salz und Cayennepfeffer abschmecken, mit kalten Butterstückchen aufmixen und durchpassieren. Kirschtomaten einritzen, in kochendem Wasser ca. 5 Sek. blanchieren, dann abschrecken und häuten. In einem Topf mit etwas Butter heiß schwenken. Alles gemeinsam dekorativ anrichten.

des Kulturhofs, lässt sich von den Gaben der Region und seinen Erfahrungen in der Spitzengastronomie des Landes leiten und vereint in seiner eleganten Speisenauswahl heimische Produkte mit den internationalen Küchen dieser Welt. Besonders die Wildkräuter aus dem hofeigenen Kräutergarten, die hier in der Rheinhessischen Schweiz so eine zentrale Rolle spielen, nehmen einen breiten Raum bei der Komposition seiner illustren Gerichte ein. Dazu werden Eckelsheimer und andere rheinhessische Weine gereicht, ergänzt von einigen Positionen von der benachbarten Nahe. In der Vinothek des Hauses kann man die Weine der Region auch erwerben. Das 3-Gang-Menü am Sonntag, das an jedem 1. Sonntag im Monat durch ein 4-gängiges Überraschungsmenü mit korrespondierenden Weinen ersetzt wird, Degustations- und Farben-Menüs, die Tomatenwoche mit Tomatenmarkt, italienischem Menü und passender Live-Musik erweitern das kulinarische Angebot des Hauses.

Kunst spielt im Kulturhof natürlich eine zentrale Rolle. Wechselnde Ausstellungen, die von Vernissagen eröffnet werden, und kulturelle Veranstaltungen wie Lesungen oder Konzerte gehören zum festen Programm. Kunst, Kultur und Kulinarisches – im Kulturhof Eckelsheim eine harmonische Trias im Dienste des Gastes!

WEINGUT VILLA BÄDER

Weingut Villa Bäder

An der Bellerkirche
55599 Eckelsheim

Telefon 0 67 03 / 15 74
Telefax 0 67 03 / 4118

Unmittelbar an der Beller Kirche, einem der sehenswerten Kulturdenkmäler dieser Region, liegt das Weingut Villa Bäder unweit der kleinen Gemeinde Eckelsheim. Auf der einen Seite befindet sich das Weingutsgebäude, dessen Geschicke seit 1926 in den Händen der Familie Bäder liegen. Auf der anderen eine international renommierte Rebschule, die vor 70 Jahren von Friedrich Bäder senior gegründet wurde und inzwischen ihre hochwertigen Rebpflanzen an Winzer in ganz Europa versendet. Jens Bäder, Dipl.-Ing. für Weinbau und Oenologie, zeichnet in vierter Generation für das elf Hektar große Weingut verant-

wortlich. Nach seinem Studium erweiterte der Jungwinzer in wichtigen Weinbaugebieten der Welt seine Kenntnisse. Auch heute noch ist ihm die Weiterentwicklung der eigenen Fähigkeiten und der regelmäßige Wissensaustausch mit Kollegen rund um den Globus wichtig.

In seinem Qualitätsdenken stellt er an sich selbst den Anspruch, auch in der Phase des Erfolges offen für Neuerungen zu bleiben, jedes Weinjahr als Herausforderung anzunehmen und mit jedem neuen Jahrgang neue Maßstäbe zu setzen.

Ziel bei der Auswahl der Rebsorten, der Bearbeitung der Weinberge und der an-

seinem Weg durch Gärung, Reifung und Aromenentfaltung begleitet.

Um herausragende Weine zu gewinnen, werden die Trauben von Hand gelesen. Nur einwandfreies Lesegut mit physiologischer Reife wird zur Vinifikation verwendet. Im Keller wird extrem schonend gearbeitet und die Weine erhalten die Zeit, die sie benötigen, um sich später in der Flasche richtig zu entfalten.

In den vergangenen Jahren konzentrierte sich Jens Bäder zunehmend auf die Rebsorten, die ihm auch selbst am meisten am Herzen liegen: Riesling und Burgundersorten, die auf den Porphyr-, Kies- und Mergelböden der Rheinhessischen Schweiz und dem sehr trockenen Mikroklima gehaltvolle, mineralische Weine hervorbringen. Im Zuge einer zunehmenden Ausweitung des Rotweinprogramms hat sich der junge Winzer einer Spezialität angenommen, die man hierzulande nur selten auf der Weinkarte entdecken kann, obwohl sie lange als traditionelle Rebsorte der Region galt: dem Frühburgunder.

Die Weißweine werden im Edelstahltank, aber auch im Holzfass ausgebaut, die Rotweine zunehmend im Barrique. Die Weißen machen durch ihre frische Spritzigkeit und Fruchtigkeit von sich reden. Die Roten bestechen durch eine tiefrote Farbe mit würzigem Aromenspiel von dunklen Beeren bis zu Vanille und Schokolade, unterlegt mit einem guten Tanningerüst.

Einige dieser edlen Gewächse, wie der Spätburgunder Barrique von 2001 wurden bei verschiedenen Wettbewerben wie dem Internationalen Pinot Noir Wettbewerb „Assmanshäuser Krone" oder dem deutschen Rotweinpreis ausgezeichnet.

Nicht nur die Weine können sich sehen lasen: Der moderne, in die mediterrane Umgebung des Weingutes eingebundene Verkostungsraum ist der ideale Ort für Degustationen und kulinarische Weinproben. Außerdem können interessierte Besucher jedes Jahr an Himmelfahrt sowie am 3. Oktober das aktuelle Sortiment des Weinguts Villa Bäder verkosten.

schließenden Vinifikation ist es, eigenwillige, individuelle Weine zu schaffen, die das Jahr ebenso wie die Beschaffenheit des Bodens und das Klima, das die Trauben geprägt hat, widerspiegeln. Trotz Innova-

tionsgeist stellt sich Jens Bäder der traditionellen, aber darum nicht minder bedeutenden Philosophie: Der Wein entsteht im Weinberg.

Im Keller wird er nur noch sorgsam auf

WÖLLSTEINER WEINSTUBE

Wöllsteiner Weinstube

Eleonorenstraße 32
55597 Wöllstein

Telefon 0 67 03 / 96 19 33
Telefax 0 67 03 / 33 25

Ruhetag: Montag

Legen Sie Wert auf eine perfekt inszenierte Gastfreundschaft und zugleich eine warme, herzliche Wohlfühl-Atmosphäre? Dann sind Sie in der wunderschönen Wöllsteiner Weinstube am Ziel Ihrer Wünsche. Hier erwartet den Feinschmecker nicht nur eine frische, einfallsreiche und bodenständige Küche, sondern als Tüpfelchen auf dem i auch noch ein wahrhaft sehenswertes Ambiente. Aus dem einst halb verfallenen Anwesen mit Scheune, Pferde- und Schweinestall haben Ute und Norbert Budick in aufwändiger und detailgetreuer Kleinarbeit, die auf stilsicheres Einrichtungsgespür verweist, ein harmonisches Ensemble geformt, das viel Charisma ver

sprüht und im Sommer durch den von farbenfrohem Oleander geschmückten Hof noch ergänzt wird.
"Aber kein Genuss ist vorübergehend; denn der Eindruck, den er zurücklässt, ist bleibend." Goethes Wort, das sich auf der ansprechenden Wein- und Speisekarte wiederfindet, hat in den Händen von Ute und Norbert Budick reiche Frucht getragen. Die Chef-Stewardess und der gelernte Metzgermeister setzen in ihrer Weinstube das um, was sie selbst als Gast andernorts erwarten. Und das ist zuallererst ein umfassender Dienst am Gast, der mit netten Begrüßungsworten an der Haustür beginnt. Dann wird ein jeder zu seinem Platz gelei

tet, ganz so, als ob man bei guten Freunden eingeladen ist. Dieses herzliche Miteinander ist dem sympathisch-bodenständigen Gastgeberpaar oberste Maxime. Die Speisenauswahl bietet auf der Stammkarte eine interessante Mischung aus herzhaft Rustikalem und mediterran Leichtem. Für ihre argentinischen Rumpsteaks sind die Budicks besonders bekannt, doch ein Schnitzel Toscana mit Tomaten-Olivensauce und Käse überbacken, Tiroler Spinatknödel mit Salbeibutter und Parmesan oder warmer Ziegenkäse im Salatbett stehen ebenfalls zur Auswahl. Die Wochenkarte geht saisonal orientiert mit Mangoldlasagne, Entenbrust auf Rucola oder Red Snapper an pikanter Chili-Ingwer-Sauce

mit Halbwildreis auf eine illustre Reise durch Rheinhessen und die Welt.
Die Gäste sollen satt, aber nicht arm dabei werden, dürfen aber gleichermaßen eine hohe Qualität erwarten. Dies gilt auch für die bestens sortierte, 120 (davon 30 offene) Positionen umfassende Weinauswahl, die rheinhessische mit anderen deutschen, europäischen und Neue-Welt-Weinen vereint. Und zum Abschied wird ein jeder mit herzlichen Worten verabschiedet, ganz so, wie man es mit lieben Besuchern eben tut.
Tipp: Besuchen Sie unbedingt die Toiletten des Hauses, denn der Gang zum stillen, aber vortrefflich inszenierten Örtchen ist wahrlich lohnenswert – lassen Sie sich überraschen!

MELONENHÄLFTEN MIT APRIKOSENEIS

Zutaten

2 Honigmelonen
Grand Marnier
Aprikoseneis
Sahne
Minze

Zubereitung

Die Melonen halbieren und entkernen. Dann kleine Kugeln aus dem Fruchtfleisch ausstechen. Die Kügelchen mit Grand Marnier beträufeln und die Melonenhälften wieder mit den Kügelchen füllen. Nun Aprikoseneis und die steif geschlagene Sahne darüber geben und mit Minze dekorieren.

VON KRÄUTERHEXEN UND BAUERNGÄRTEN

Rheinhessen hat sich seine Natürlichkeit bewahrt. Industrie gibt es nur im Einzugsgebiet der Städte und aufgrund der vielen Sonnenstunden, des milden Klimas und der von den umliegenden Gebirgszügen geschützten Lage gedeihen in den Gärten, den Weinbergen und auf Feld und Flur eine Vielzahl unterschiedlichster Pflanzen, bunt blühende Blumen und aromatische Wildkräuter, auf deren lange Zeit vergessene Heilwirkung, die schon Hildegard von Bingen zu nutzen wusste, man sich wieder besinnt.

Besonders die Rheinhessische Schweiz hat sich als Wildkräuterzentrum etabliert. Die Kräuterhexen aus Siefersheim und die Eckelsheimer Kräuterschule Herbula laden ein zu Kräuterwanderungen, -seminaren und -events. Und auch die rheinhessische Gastronomie hat die Kräuter längst für sich entdeckt und setzt sie in ideenreiche Leckereien um, die Genuss und Gesundheit verbinden.

Die "Interessengemeinschaft rheinhessische Gartenführerinnen" bietet unterschiedlichste Gartenansichten: Wöchentliche Führungen und die Tage der offenen Gärten machen bekannt mit bunten, duftenden Bauerngärten, akkuraten Englischen Landschaftsgärten, historischen Mühl- und prächtigen Schlossgärten sowie Wohlfühl-Wohngärten. Für Gruppen werden thematische Touren zu historischen, blühenden, Gesundheits-, Kräuter-, und Bauerngärten organisiert. Außerdem veranstalten die Gartenführerinnen Garten- und Kräuterseminare sowie kulinarisch-kulturelle Veranstaltungen unter dem Motto "Gärten und Kultur".

Jedes Jahr pünktlich am 11.11. um 11.11 Uhr feiert Mainz, bis der Dom wackelt: die 5. Jahreszeit beginnt. Die Session setzt sich im Januar mit der Saalfastnacht fort und erreicht ihren Höhepunkt mit dem Rosenmontagszug. Die 7 km lange Zugformation mit Reiter- und Fußgruppen, fantasievollen Motiv- und imposanten Prunkwagen sowie Musikgruppen aus aller Welt wird alljährlich von einer halben Million feiernden Jecken begleitet.

Im Jahr 1838 nahm alles seinen Anfang. Zwar sollen schon im 16. Jh. Narren durch die Gassen der Mainzer Altstadt gezogen sein, doch in diesem Jahr wurde der erste Fastnachtsverein, der Mainzer Carneval Verein, gegründet und der erste Rosenmontagszug fand statt. Eine Vielzahl von Vereinen, Garden und Musikgruppen entstanden in der Folgezeit in der Stadt und in ganz Rheinhessen und erfreuen seitdem alljährlich die Jecken mit ihren Künsten. Die große Stärke dieser Region ist die politische Fastnacht. "Der kleine Mann" nutzt die Gelegenheit, seinem Ärger über Politik und Gesellschaft mit viel Spott Luft zu verschaffen. Pointierte Büttenreden und die Motivwagen der Umzüge bereiten das Geschehen des vergangenen Jahres ironisch auf.

Die Symbolfiguren und Motive der Mainzer Fastnacht – wie der Till mit Spiegel und Schellenmütze – zieren das Wahrzeichen der Mainzer Fastnacht: den Fastnachtsbrunnen am Schillerplatz, 1967 von Blasius Spreng geschaffen. Und auch das Fastnachts-Museum im Proviant-Magazin erzählt von der langen närrischen Tradition in Mainz am Rhein ...

DESTILLERIE UND WEINGUT BÖHM

Destillerie und Weingut Böhm

Friedrich-Ebert-Straße 65
55286 Wörrstadt

Telefon 0 67 32 / 6 53 09
Telefax 0 67 32 / 42 86

Die Traube ist eine wohl schmeckende, vielseitige Frucht. Sie dient nicht nur seit Jahrtausenden der Herstellung von Wein, auch feine Brände bringt sie hervor – und bei Familie Böhm in Wörrstadt findet man beide genussvollen Varianten unter einem Dach vereint. Seit 1996 erweitert die Destillerie und Lohnbrennerei das Angebot des familieneigenen Weingutes, das auf eine über 150-jährige Weinbautradition zurückblickt.

Winzermeister Stefan Böhm arbeitete sich nach dem Erwerb des Brennrechts als Autodidakt in das Brenngeschäft ein – mit viel Erfolg, wie seine köstlichen, bereits zahl-

reich prämierten fruchtigen Edelbrände, zarten Geiste, feurigen Wässer und sahnigen Liköre eindrucksvoll belegen.

Der Aromenvielfalt – mal klassisch, mal kreativ komponiert – sind keine Grenzen gesetzt. Da finden sich Renekloden- und Stachelbeerbrand neben Kirsch- und Zwetschgenwasser, Williams Christ, Himbeergeist, Mirabellen- und Pfirsichbrand vom roten Weinbergspfirsich. Der Alte Apfel- und der Alte Weinhefebrand erhalten im Holzfass ihr reifes Bouquet. Unter den Likören finden sich Blutorange und Schlehe, Birne und Quitte. Feine Spezialitäten wie Apricot-Brandy-, Mandel-,

17 ha umfassenden Weinberge, die zu etwa gleichen Teilen Weiß- und Rotweine hervorbringen. Nicht nur die typischen rheinhessischen Rebsorten wie Dornfelder, Portugieser und St. Laurent, die klassischen Burgundersorten, Silvaner, Riesling, Scheurebe und Co., auch Neuzüchtungen wie Regent und seine weiße Schwester Phönix, beides pilzresistente, robuste, frühreife Rebsorten, baut er zu ausdrucksstarken, aromenreichen Weinen aus.

Wenig Pflanzenschutz, naturnahe Bewirtschaftung und natürliche Rebzeilenbegrünung sind die Grundsätze seiner Weinbergsarbeit.

Im Keller übernimmt der Wein dann selbst die Regie, Spontanvergärung des Mostes und die langsame, schonende Reifung ist Stefan Böhm wichtiger als eine diffizile technische Vinifikation. Er sieht sich als Weinmacher im klassischen Sinn, seine Gewächse verweisen stolz auf ihren Jahrgang, ihre Rebsorte und ihre Heimat – international gängige Geschmacksangleichung ist seine Sache nicht.

Die Möglichkeiten, die Böhm'schen Genusswelten kennen zu lernen, reichen von der informativen Wein- und Brandprobe, die Monika und Stefan Böhm auf Wunsch gerne auch bei ihren Kunden zu Hause durchführen (deutschlandweit), über ihren Verkaufsstand im Herbst auf dem Mainzer Flachsmarkt mit frischem Federweißen und Tafeltrauben bis zum geselligen Beisammensein am Weinstand des Weingutes auf diversen Weinfesten der Region.

Einmal im Jahr (1. Juliwochenende) kommen die Weinkunden der Böhms jedoch mit Freude nach Wörrstadt, wenn das beliebte Hoffest zum Genießen einlädt: Zwei ereignisreiche Tage mit Schaubrennen, Degustation der Weine und Brände, Unterhaltung für die Kleinen sowie Live-Musik und Tanz bestimmen das Geschehen. Die Weingutsküche serviert herzhafte und süße Leckereien und am Sonntagmorgen sogar ein edles Sektfrühstück mit hauseigenem Winzersekt.

Holunderblüten- und Walnusslikör ergänzen Traubenbrände von Bacchus und Morio-Muskat sowie Likör vom Blauen Portugieser.

Wichtigste Voraussetzung für hochwertige, aromenreiche Brände ist ein vollreifes, gesundes und möglichst fruchtzuckerreiches Obst. Stefan Böhm kauft die Früchte in der Region frisch bzw. als fertige Maische an. Nach dem Brennen braucht es zwischen vier und acht Wochen, um alle Facetten der Fruchtaromen voll zur Geltung zu bringen, im Holzfass sogar noch länger.

Wenn Stefan Böhm nicht mit dem Brennen beschäftigt ist, kümmert er sich um seine

WEINGUT PHILIPP SCHNELL

Weine, die sich in Aroma und Charakter ihrer Heimat verpflichtet fühlen. Winzermeister Reiner Schnell legt großen Wert auf eine äußerst schonende Verarbeitung der Trauben. Die Weißweine werden bewusst langsam vergoren, damit sie ihren individuellen Charakter entfalten können. Neben den klassischen rheinhessischen Rebsorten – Silvaner, Riesling und Scheurebe, Weiß- und Grauburgunder – sind auch Chardonnay, Rivaner und Bacchus auf der Weinkarte zu finden.

Die Schnell'schen Rotweine werden auf der Maische vergoren und reifen anschließend zum Teil im Barrique-Fass zur Vollendung heran. Hier zählen der tiefrote, vollmundige Dornfelder, der Blaue Portugieser und natürlich auch der klassische Spätburgunder zum Angebot des Weingutes.

Reiner Schnell ist immer auf der Suche nach neuen Highlights, die er seinen Kunden offerieren kann. Dazu gehören fruchtintensiver Scheurebe- und Blauer Portugie-

Weingut Philipp Schnell

Bahnhofstraße 15 a
55576 Zotzenheim

Telefon 0 67 01 / 13 15
Telefax 0 67 01 / 25 70

Der Weinbau hat in Zotzenheim eine lange Tradition. Schon seit dem 8. Jahrhundert werden in dem idyllischen Winzerdorf, das heute zur Verbandsgemeinde Sprendlingen-Gensingen gehört, Reben kultiviert. Die evangelische Pfarrkirche St. Martin wurde im 13. Jahrhundert errichtet. Sehenswert ist besonders ihr Türsturz mit seinen christlichen und vorchristlichen Symbolen an der Westseite, der auf die karolingischen Wurzeln verweist.

Auch das Weingut Philipp Schnell blickt mit Stolz auf eine lange Geschichte zurück, die bereits 1674 ihren Anfang fand. Seit 1985 leitet Reiner Schnell das Traditionsgut gemeinsam mit Ehefrau Sigrun und weiß die Tradition seiner Vorgängergenerationen mit modernster Weinbau-Technik aufs Beste zu vereinen.

Die besondere Sorgfalt im Umgang mit den Trauben, die sich auf 18 ha rund um Zotzenheim erstrecken, beginnt im Weinberg und setzt sich bei der Verarbeitung fort, das Ergebnis sind fruchtbetonte, elegante

ZOTZENHEIM

Erzeugnisse des Weingutes, bevor Winzermeister Reiner Schnell dann mit seiner ausführlichen Weinprobe beginnt. Für das leibliche Wohl sorgt Sigrun Schnell mit charmanter Art. Sie stammt selbst aus einem Weingut und kehrte nach einigen Jahren, in denen sie als Stewardess den Globus erkundete, wieder in die Welt des Weins zurück. Ein Rundgang durch das Weingut oder eine Fahrt durch die Weinberge lohnt sich ebenfalls für alle Weininteressierten.

Im Weingut Schnell in Zotzenheim genießt man sortentypische, bodenständige Weine, die gemeinsam mit der offenen und authentischen rheinhessischen Herzlichkeit der Winzerfamilie auf jeden Fall zum Wiederkommen einladen. Und wer nicht so lange warten möchte, der kann sich zum Schnell'schen Wein auch gleich etwas Passendes kochen, denn auf der hauseigenen Internetseite verrät Winzerfamilie Schnell leckere rheinhessische Rezepte ...

ser-Traubensaft ebenso wie ein weißer Secco, der den Namen von Sohn Philipp trägt, und sein rotes Pendant, das Töchterchen Paula gewidmet wurde.

Ebenso beliebt sind die ganz jungen, frischen Weine aus dem Vorjahr, die als "Erster" ihr Fass verlassen und dem Gaumen bereits einen Vorgeschmack auf den neuen Jahrgang schenken. Winzersekte, vom Riesling, Weißburgunder oder Blauen

Spätburgunder, fehlen ebenso wenig im Angebot wie Liköre und Brände.

Wer den Weg nach Zotzenheim gefunden hat, den verwöhnt das sehr sympathische Winzerpaar mit einer ebenso herzlichen wie professionellen Gastfreundschaft. Im sehr dekorativ gestalteten Verkaufslädchen vor der gemütlichen Weinprobierstube, die bis zu 70 Personen fassen kann, erhält man einen hervorragenden Überblick über die

Bingen liegt landschaftlich reizvoll an der Nahe-Mündung in den Rhein als Tor zum UNESCO Weltkulturerbe Mittelrheintal. Die Keimzelle der späteren Stadt ist das römische Kastell "Bingium", später unterhielten die Franken hier ein Königsgut, das schließlich in den Besitz des Erzbistums Mainz gelang, das im 13. Jh. die imposante Burg Klopp sowie eine Stadtbefestigung errichten ließ. Viel ist davon nicht übrig geblieben, die Burg selbst hat man 1711 gesprengt, sie wurde Ende des 19. Jh.s jedoch wieder neugotisch aufgebaut (Aussichtsturm mit Heimatmuseum).

Die Drususbrücke mit frühromanischer Kapelle im östl. Brückenpfeiler wurde im 11. Jh. erbaut und ist damit eine der ältesten Steinbrücken Deutschlands. Die Basilika St. Martin, 793 erstmals erwähnt und 1416 im gotischen Stil ausgebaut, enthält Elemente mehrerer Stilrichtungen. Das Innere glänzt mit reichem Figurenschmuck.

Der großen mittelalterlichen Mystikerin Hildegard von Bingen, die auf dem Rupertsberg (Stadtteil Bingerbrück) ein bedeutendes Kloster gründete, ist das Historische Museum am Strom – Hildegard von Bingen mit einer umfangreichen Ausstellung gewidmet. Sehenswert sind auch ein vollständiges römisches Chirurgenbesteck sowie Ausstellungen zur Rheinromantik und Stadtgeschichte.

Auf einer Felsklippe im Rhein erhebt sich der Mäuseturm mit Zinnen und Ecktürmen. Dort fand der geizige Mainzer Erzbischof Hatto der Sage nach sein Ende durch tausende von Mäusen als Strafe dafür, dass er sein Volk hungern ließ.

Hoch über der Stadt thront die Rochuskapelle auf dem Rochusberg mit eindrucksvoller Fernsicht. Die Binger erbauten die Wallfahrtskapelle 1666 zum Schutz vor der Pest.

Zweimal brannte das Gotteshaus nieder,

die heutige dreischiffige Kapelle in spätgotischem Stil wurde 1895 geweiht. Sehenswert sind Außenkanzel und -altar mit Baldachin, das Kreuzigungsmotiv sowie der Hildegardisaltar und der Reliquienschrein des hl. Rupertus im Inneren. Alljährlich wird hier traditionell das Rochusfest begangen, und auch sonst lädt die Stadt gern ein zum Feiern und Genießen: "Nacht der Verführung" auf dem Rochusberg, Bingen swingt, Rhein im Feuerzauber, Winzerfest, Open-Air-Theater auf Burg Klopp, Meisterkonzerte und Hildegard-Herbst bieten Kultur auf Höchstniveau.

Der Aufstieg der Rotweinstadt Ingelheim (Rotweinfest im Herbst) begann 807, als Karl d. Große anstelle eines fränkischen Königshofs den Bau einer Kaiserpfalz befahl, die unter seinem Sohn Ludwig d. Frommen ihren Abschluss fand, von Kaiser Friedrich Barbarossa befestigt wurde und Schauplatz wichtiger politischer Ereignisse

wurde. Heute künden nur noch Teile des Reichssaals (aula palatina) mit östl. Längswand und Apsis, der Badeanlage sowie der im Kern staufischen Wehrmauer von der einstigen Größe der bedeutenden Anlage, das informative Museum bei der Kaiserpfalz lohnt den Besuch.

Die ev. Saalkirche, die frühere Pfalzkapelle, trägt seit den 1960er Jahren wieder die Züge des 12. Jh.s, der neuromanische Glockenturm entstand 1861.

Die kath. Pfarrkirche St. Remigius wurde bereits 741 als Kirche des fränkischen Königshofes gegründet. Romanischen Ursprungs ist nur noch der fünfgeschossige Turm. Ihre heutige Ausstattung erhielt die Kirche im 18. Jahrhundert.

Die Burgkirche in Ober-Ingelheim ist Teil der noch sehr gut erhaltenen Stadtmauer und umgeben von historischen Grabsteinen und der Friedhofsmauer mit Zinnenkranz und Wehrgang. Sie zeigt sich mit

einem mächtigen romanischen Turm mit Ecktürmchen, im Inneren sind die Deckenbemalungen und das Chorfenster sehenswert.

Die "Ingelheimer Weinmeile", ein Erlebnispfad mit wissenswerten Schautafeln zu Wein, Obst, Kultur, Geschichte und Natur, lädt ein zum Ausflug in die wunderschöne Natur des Ingelheimer Grunds.

METZGEREI PETRY

können die Kunden nicht nur hochwertige Wurst- und Fleischspezialitäten erwerben. Zur Mittagszeit bieten die Petrys auch warme, bodenständige Mittagsgerichte mit Pfiff an, die köstlich schmecken und zugleich auch nach ernährungsphysiologischen Gesichtspunkten und dem aktuellen Marktangebot zusammengestellt werden. Außerdem verkünden Tafeln das Angebot des Tages, mal eine frische Bratwurst vom Grill, mal eine saftige Frikadelle im Brötchen.

So verwundert es nicht, dass auch der Catering-Service des Hauses Petry einen ausgezeichneten Ruf genießt, bietet er doch eine große Auswahl von kalten Platten bis zu kompletten Menüs.

Harry Petry übt seinen Beruf mit Leib und Seele aus und man spürt, wenn er seine Firmenphilosophie erläutert, seine Leidenschaft fürs Wurstmachen.

Bei der Herstellung seiner umfangreichen Produktpalette achtet er stets auf einen authentischen, individuellen Geschmack und eine gleich bleibend hohe Qualität. Sämtliche Wurstsorten sind hausgemacht und tragen seine ganz persönliche Handschrift.

Im Zuge seines anspruchsvollen Qualitätsstrebens erbaute er sogar einen eigenen Reiferaum für Salamis und Schinken, die zu den Besonderheiten des Hauses zählen. Hier reifen sie im Naturverfahren ganz langsam und schonend ihrem vollendeten Geschmack entgegen, was in der Regel gute zwei Monate dauert. Erst in dieser Zeit erhalten sie ihr ganz typisches, intensives Aroma.

Als weitere Spezialität nennt Harry Petry seine Hausmacher Wurstsorten. Hochwertige Zutaten sowie eine exakt abgewogene Gewürzmischung sorgen für einen unverwechselbaren Geschmack, der hier nie dem Zufall überlassen wird. Harry Petry ist stets auf der Suche nach den besten Grundprodukten, die er dann täglich frisch verarbeitet. Sein Rindfleisch stammt ausnahmslos aus dem heimischen Bundesland, was durch das anerkannte

Der Name Petry steht in Bingen und Ingelheim für ausgezeichnete Wurst- und Fleischwaren aus eigener Herstellung. Mit ihrem Ladengeschäft in der belebten Saarlandstraße in Bingen-Büdesheim und der erlebnisreichen Filiale im Herzen Ingelheims haben sich Harry und Monika Petry in der Region einen guten Namen erworben.

Bereits 1990 machte sich der ambitionierte Metzgermeister selbstständig. Zunächst pachtete er eine alteingesessene Metzgerei in Ingelheim und baute den Kundenstamm seines Vorgängers weiter aus. Als Sohn Christian ebenfalls die Metzgerlaufbahn einschlug, erwarb Petry das Geschäft in Büdesheim, errichtete hier seine Produktionsstätte und verwirklichte gleichzeitig mit der Filiale in der Binger Straße in Ingelheim seine Vision von einer modernen Metzgerei. In einem hellen, ansprechend und großzügig gestalteten Ambiente, ergänzt von einer Bäckerei,

Metzgerei Petry

Saarlandstraße 99-101
55411 Bingen-Büdesheim

Telefon 0 67 21 / 4 11 33
Telefax 0 67 21 / 4 63 62

Güte-Siegel "Rheinland-Pfalz-Fleisch" deutlich wird, ein Siegel, das auch Züchter und Futterlieferanten einschließt und für beste Qualität bürgt.

Belohnt wird der große Einsatz der bodenständigen Metzgerfamilie immer wieder mit Prämierungen des Fleischerfachverbandes, der die einwandfreie Güte aller Produkte positiv bewertete, und nicht zuletzt durch eine langjährige Treue der vielen Stammkunden.

Wie schön, dass auch Sohn Christian, dessen Ehefrau Daniela gemeinsam mit Monika Petry für den kundenfreundlichen und sachkundigen Service im Laden verantwortlich ist, die anspruchsvolle Philosophie seines Vaters teilt und auch für die Zukunft den Genuss von hervorragenden Wurst- und Fleischspezialitäten auf hohem Niveau gewährleistet.

HOTEL & RESTAURANT MULTATULI

zeitgemäß-elegante Wohlfühl-Atmosphäre. Das absolute Highlight des Hauses gibt es gratis dazu: Das Restaurant, der großzügige Veranstaltungsraum Rheintalblick, der den passenden Rahmen für Feste oder Seminare bietet, die große Freiterrasse und sämtliche Zimmer des Hauses sind mit einem atemberaubenden Fernblick gesegnet und fängt – wohl einzigartig in Rheinhessen – mit dem Rheingau, Rheinhessen sowie der Nahe gleich drei Weinanbaugebiete ein. Schon Multatuli schrieb dazu: „Die Aussicht ... gleicht wirklich einem Fernblick wie auf dem Theater."

Das Panorama bildet eine mehr als würdige Bühne für die anerkannt gute Küche des Hauses. Ob geräucherter Wildwasserlachs an Rösti mit Dill-Senf-Honigsauce, Kräutersüppchen mit Meeresfrüchten, Rindergeschnetzeltes in Pommery-Senfsauce oder mit Blaubeeren gefüllte Pfannkuchen und Eierlikörparfait – das täglich wechselnde Menü lässt dem Gast lediglich die

V erlässt man Ingelheim in Richtung Mainz, erreicht man auf halbem Weg nach Wackernheim ein elegantes Komforthotel mit dem außergewöhnlichen Namen Multatuli. Dieser geht zurück auf den niederländischen Schriftsteller Eduard Douwes Dekker, der hier von 1881 bis zu seinem Tod im Jahr 1887 lebte und sich den aus dem Lateinischen entlehnten Ausdruck („Ich habe vieles ertragen") als Pseudonym erwählte.

Der Koch und Hotelfachmann Markus Rädisch führt das aufwändig renovierte und in frischem Glanz erstrahlende Haus seit März 2003 mit großem Engagement und klarem Blick für seine Gäste. Vom großen Sonntagslunchbuffet mit Kinderbetreuung über Live-Musik auf der idyllischen Wein- und Bierterrasse bis hin zu Stadtführungen und Weinproben bietet er Erlebnisreiches für jeden Geschmack. Das Ambiente zeigt sich lichtdurchflutet und mediterran, ständige Ausstellungen und eine südlich inspirierte Innenarchitektur vermitteln eine

Hotel & Restaurant Multatuli
TIPTOP-Hotels

Mainzer Straße 255
55218 Ingelheim

Telefon 06132/798488
Telefax 06132/714788

MAINZER PIZZA

Zutaten

400 g Kloßteig (halb & halb)
1/2 l Milch
4 Eier
600 g Sauerkraut
600 g Kassler
280 g Schmand
1 Zwiebel
1 dicke Kartoffel
0,1 l Weißwein, trocken
100 g Handkäse
Öl
Schnittlauch, Kümmel, Knoblauch
Salz, Muskat

Zubereitung

Kloßteig mit Milch und Eiern anrühren, mit Salz und Muskat abschmecken. Dann den Teig in einer Pfanne mit Öl zu 4 gleich großen Pizzen ausbacken.
Schmand mit Knoblauch, Salz und Schnittlauch abschmecken. Kassler würfeln und mit dem Sauerkraut weich kochen. Kartoffel hineinreiben und so lange weiterkochen, bis eine gebundene Masse entsteht. Mit Wein und Kümmel abschmecken. Zunächst die Schmandmasse, dann das Sauerkraut auf den Pizzen verteilen. Handkäse in dünne Scheiben schneiden und auf den Pizzen verteilen. Dann im Ofen bei Oberhitze backen, bis der Käse gut verlaufen und leicht gebräunt ist. Zum Schluss mit Zwiebelringen ausgarnieren.

Wahl zwischen 3, 4 oder 5 Gängen, überrascht ihn dann aber mit unbekannten Köstlichkeiten aus der frischen Jahreszeiten-Küche des Hauses.
Dazu passen die ausschließlich von Ingelheimer Winzern stammenden Weine vorzüglich, rund 80 hochwertige Positionen umfasst die exquisite Weinauswahl des Hauses.
Auf der Terrasse mit dem 26 m tiefen Brunnen, der bereits von Karl d. Großen angelegt worden sein soll, genießt man herzhafte Schmankerln zu Wein und Bier, z. B. die Spezialität des Hauses, welche hier auch als Rezept zu finden ist: die Mainzer Pizza, die mit Handkäse überbacken wird!
Für Abenteuerlustige bietet das Wochenend-Arrangement „Ein himmlisches Vergnügen" außergewöhnliche Ansichten. Mit einem Helikopter oder Heißluftballon geht es in den Himmel über Ingelheim – ein Erlebnis, das den Aufenthalt im schönen Hotel Multatuli sicher unvergesslich macht.

LANDGASTHOF KIRSCHGARTEN

frischen, einfallsreichen Jahreszeitenküche erster Güte.

Zu verdanken ist diese lukullische Liaison dem Lebenslauf der Gastgeber Marianne und Herbert Küsgens und ihrer Liebe zur Gastronomie. Nach einem erfolgreichen Berufsleben, das die Dolmetscherin nach Rheinhessen und den Manager unter anderem für zehn Jahre nach Turin führte, verwirklichten die beiden 1991 hier ihre Idee vom eigenen Restaurant, restaurierten das historische Anwesen gleich neben der Dorfkirche, das bereits im 18. Jahrhundert seine Aufgabe als Wirtshaus erfüllte, aufwändig und schufen mit einem äußerst gelungenen Ambiente den adäquaten Rahmen für die Köstlichkeiten aus Küche und Keller. Auch die Brücke zwischen Kunst und Kulinarischem versteht man perfekt zu schlagen.

Die Gaststube präsentiert in edel-rustikalem Atmosphäre mit dem obligatorischen Stammtisch und dem Raum einnehmenden Tresen auch eindrucksvolle Holzschnitte, Stiche und Skulpturen des Bildhauers Willi Schmidt.

Die Wände des Dom-Zimmers zeigen einen historischen Abriss der Entwicklung des Mainzer Doms. Es führt zum lichtdurchfluteten Gartenzimmer, das Raum für Ausstellungen bietet und sich zum Sommergarten an der Kirchmauer hin öffnet, wo es sich bei gutem Wetter unter einem ausladenden Kirschbaum und herrlichen Pappeln wunderbar entspannen lässt. Diese Räumlichkeiten bieten außerdem regelmäßig die Bühne für Konzerte, Jazz-Matineen, Lieder- oder nostalgische Tanzabende.

Das jahreszeitlich orientierte Speisenangebot wechselt täglich und vereint regionale Spezialitäten mit mediterranen Köstlichkeiten. Zum Loup de mer auf Avocado gesellen sich heimische Spargelspitzen, der rheinhessische Dippehas wird nach altem Wackernheimer Rezept zubereitet und der zünftige Hackbraten hat ebenso seinen Platz auf der Karte wie edle Linguine mit Trüffeln aus dem Piemont.

Diese Delikatesse verdanken wir, ebenso

Landgasthof Kirschgarten

Kleine Hohl 2
55263 Wackernheim

Telefon 0 61 23 / 6 27 58
Telefax 0 61 23 / 5 66 96

Im hoch über dem Rheintal zwischen Ingelheim und Mainz gelegenen Wackernheim begeistert der malerische Landgasthof Kirschgarten mit einer kulinarische Hochzeit der besonderen Art: Das bodenständige Rheinhessen vermählt sich mit dem mediterran-verspielten Piemont zu einer

SEETEUFELMEDAILLONS AUF TINTENFISCHRISOTTO MIT SOMMERTRÜFFELN UND SPARGEL

Zutaten

je 4 Stangen grüner und weißer
Spargel
4 Morcheln
2 Karotten
1 Kohlrabi
20 g Sommertrüffel
600 g Seeteufelmedaillons
Forellenkaviar
Fischvelouté
Butterfonds
Salz, Zitrone
400 g Vialone-Reis
400 g Tintenfisch, ohne Kopf, mit
Tintenbeutel
1 Zwiebel, 2 Knoblauchzehen, gehackt
1 dl Weißwein
1,5 l Fischfonds
Olivenöl
Crème fraîche
Sahne
Thymian

Zubereitung

Gemüse blanchieren, Trüffel hobeln.
Seeteufelmedaillons portionieren und
mit Zitrone und Salz würzen,
Tintenfisch in Stücke schneiden.
Zwiebel und Knoblauch andünsten,
Tintenfisch hinzufügen, mit Wein
ablöschen und 30 Min. dünsten.
Nun Reis hinzufügen, kurz anziehen
lassen, dann den Tintenbeutel und
nach und nach den Fischfonds hinzu-
fügen, dabei ständig umrühren, bis der
Reis die gewünschte Konsistenz hat.
Seeteufel in Olivenöl braten.
Risotto mittig anrichten, Trüffel-
scheiben im Kranz anlegen. Gemüse
im Butterfonds erhitzen und um den
Kranz legen, Seeteufel auf das Risotto
setzen, mit Kaviar bestreichen.
Fischvelouté mit Crème fraîche und
Sahne aufschlagen, über das Gemüse
geben. Mit Thymian ausgarnieren.

wie die edle Grappa-Auswahl und die Pie-
monteser Weine, die sich auf der Weinkarte
neben rheinhessischen und Rheingauer Positionen behaupten, den guten Beziehun-
gen, die das Gastonomenpaar noch immer
zur einstigen Wahlheimat pflegt.
Wie schön, dass Marianne und Herbert
Küsgens sich nun in Rheinhessen so wohl
fühlen und all ihr Engagement und ihre
große Leidenschaft für die Gastronomie
nun hier all jenen zugute kommt, die den
Genuss zu schätzen wissen.

IDYLLISCHES SELZTAL

aus vormals zwei eigenständigen Gemeinden. Die Wasserburg zu Stadecken wurde zwar 1632 zerstört, aber an Resten der Ringmauer und dem erhaltenen Turm kann man ihren Umriss erahnen. Die ev. Pfarrkirche wurde im 18. Jahrhundert erbaut. Auch die Kirchen von Elsheim entstanden im 18. Jahrhundert. Leider ziemlich verfallen ist der Elftausendmägdeturm, einst das Brückentorhaus eines Überganges über den Selzbach.

Jugenheim blickt auf eine über 1200-jährige Vergangenheit zurück, kann jedoch leider nicht mehr auf mittelalterliche Zeugen verweisen. Die ev. Pfarrkirche wurde im 18. Jh. erbaut und barock ausgestaltet, nur der Chorturm ist ein Relikt des gotischen Vorgängerbaus und zeigt noch Wandmalereien aus dem 15. Jahrhundert. Nieder-Olm, bis 1793 Sitz eines Kurmainzer Amtes, hat im Zuge einer großen Straßenbauaktion leider seine Ringmauer und die Burg aus dem 16. Jh. einbüßen müssen. So führt der Weg heute zur kath.

Die Selz durchwandert auf ihrem 61 km langen Weg von der Quelle in Orbis (Pfalz) bis zur Mündung in den Rhein bei Ingelheim ein fruchtbares Rebland und verbindet beschauliche Winzergemeinden, in der manche Gutsschänke, manches Landgasthaus oder Weingut zur Rast einladen. Touristenmassen gibt es im Selztal nicht, stattdessen idyllische Flecken in der Natur und hübsche Marktplätze mit sehenswerten Kirchen. Der Selztalradweg bietet Gelegenheit, die Region zwischen Ingelheim und Alzey gemächlich zu erkunden.

In Schwabenheim a. d. Selz zeichnet die kath. Pfarrkirche St. Bartholomäus den Weg einer langen Entwicklungsgeschichte nach. Etwa um die erste Jahrtausendwende erbaut, wurde sie zunächst spätgotisch, dann barock ausgestaltet. Das Flachrelief über dem Giebelsturz des vermauerten Portals zeigt zwei fischende Vögel umrahmt von Schlangenleibern.

Stadecken-Elsheim – heute eine Einheit

Namen Mariä Tempelgang stammt aus dem 14. Jh. und wurde 400 Jahre später um seinen Turm erweitert.

Wegen seiner pittoresken Fachwerkhäuser aus dem 17. und 18. Jh., der gotischen Pfarrkirche Mariä Himmelfahrt und der Wehrmauer mit Schalenturm rund um den alten Wehrfriedhof ist die kleine Gemeinde Undenheim einen Abstecher wert.

Selzen verweist mit seiner ev. Pfarrkirche, der Zehnthofscheune des Wormser Domstifts, der alten Selzbrücke und der Selzermühle aus dem 17. Jh. eindrucksvoll auf seine prosperierende Vergangenheit. Die Kunstinitiative Rheinhessen e. V. hat hier einen ganz besonderen Radweg eingerichtet, der sich als Symbiose von Natur und Kunst versteht. Die erlebnisreiche Radstrecke verläuft entlang der ehemaligen Bahnstrecke Köngernheim – Gau-Bischofsheim und verbindet einen Ausflug in die idyllische Landschaft des Selztals mit modernen, zeitgenössischen Kunstobjekten, die ein genaues Hinschauen lohnen.

Pfarrkirche St. Georg, 1777-79 erbaut, mit einer beachtenswerten Nischenfigur des hl. Georg über dem Portal sowie einer kunstvollen Muttergottes (1500) im Innern. Das Heimatmuseum "Alte Schmiede Wettig", die 1776 in Betrieb ging, ist im Originalzustand der 1920er Jahre eingerichtet, Scheune und Ställe bieten Platz für Ausstellungen sowie kulturelle Veranstaltungen.

Im nahen Oberolm lohnt die kath. Pfarrkir-che St. Martin mit ihrem Vesperbild aus der bekannten Mainzer Backoffen-Werkstatt, die Figuren der hll. Urban und Valentin und der Muttergottes sowie die neugotischen Altäre den Besuch.

Das in Sörgenloch auf diversen Hinweisschildern angekündigte "Schloss" entpuppt sich als aufwändig restauriertes Herrenhaus der Freiherren von Köth-Wanscheid. Die kath. Kirche mit dem ungewöhnlichen

Selzener Gottesgarten

Hier wachsen Reben seit 782

Gestiftet:
Bauern- und Winzerverein
Landfrauen-Verein
Gemeinde Selzen

10.09.1993

HOTEL RESTAURANT WEEDENHOF & WEINGUT SCHICK

Hotel Restaurant Weedenhof

Mainzerstraße 6
55270 Jugenheim

Telefon 0 61 30 / 94 13 37
Telefax 0 61 30 / 94 13 38

Ruhetage Restaurant:
Montag, Dienstag

Weingut Adolf Schick

Kreinergasse 1
55270 Jugenheim

Telefon 0 61 30 / 2 56
Telefax 0 61 30 / 82 11

Gold- und St. Georgenberg, Hasensprung und Heiligenhäuschen – das sind die Namen der renommierten Weinlagen der in einem Seitental der Selz gelegenen Gemeinde Jugenheim.

Hier ist auch eines der anerkanntesten Weingüter Rheinhessens zu entdecken: Das 1590 erstmals urkundlich erwähnte Weingut Adolf Schick liegt seit über 40 Jahren in den erfahrenen Händen von Rainer Schick, der regelmäßig mit DLG- und Gault-Millau-Empfehlungen, zahlreichen Medaillen und Ehrenpreisen auf sich aufmerksam macht.

Tochter Susanne, selbst Weinbautechnikerin, kümmert sich derweil mit Mutter Edith um Vermarktung und Kundenbetreuung und betreibt eine ideenreiche Sekt- und Geschenke-Galerie.

Eine naturnahe Bewirtschaftung der Weinbergsböden durch Einsaat von Dauerbegrünung, Ansiedlung von Nützlingen im Kampf gegen Schädlinge sowie ausschließlicher Handlese des vollreifen und gesunden Lesegutes ist Winzermeister Rainer

Schicks oberste Maxime und begründen den guten Ruf seiner Weine. Wer zur Weinprobe oder zu den alle zwei Jahre stattfindenden Tagen der offenen Tür kommt, dem

ten werden. Das Haus fügt sich mit seinem edel-rustikalen Landhausstil perfekt in die Landschaft. Das Restaurant und die acht individuell eingerichteten Hotelzimmer ergeben ein stimmiges Konzept, das dem Gast das Wohlfühlen leicht macht.

Holz, Bruchsteinwände und Terrakotta – eine stimmig komponierte Trias aus regionalen und südlichen Elementen, die sich auch im Küchenstil wiederfindet. Michael Knöll hat mit seiner ideenreichen und stets zeitgemäß-kreativen Küche, die sich dem saisonalen Marktangebot gern unterwirft, sonst aber geografische Küchengrenzen auch gern überschreitet, eine große Zahl von Stammkunden gewonnen, die er immer wieder neu zu begeistern weiß. Überraschungsmenüs, eine im 14-tägigen Wechsel neu konzipierte Speisenauswahl und aktuelle Tagesangebote beweisen, dass die hiesigen Produkte dem dynamischen Küchenmeister keine Beschränkungen auferlegen, sondern vielmehr spannende Variationen ermöglichen. So zeigt sich der heimische Spargel als Salat mit Zitronen-Crème-fraîche und Parmaschinken, die geräucherten Schweinebäckchen in Meerrettichsauce vereinen sich mit Balsamicolinsen und der Seeteufel trifft sich zum Rendezvous mit Riesengarnelen in Krustentiersauce, begleitet von Blattspinat und Safranreis.

Im Weedenhof darf man sich auf eine herzliche, zuvorkommende Gastfreundschaft freuen. Individuelle Wünsche werden gern erfüllt, und ein perfekter Dienst am Gast ist eine Selbstverständlichkeit und schlägt sich – ebenfalls ein Beispiel für die ehrlich gemeinte Gastlichkeit des Hauses – auch nicht im Preis nieder. Auch wenn hier heute keine Fuhrpferde mehr rasten – eine genussvolle Auszeit vom Alltag können Sie im schönen Weedenhof noch immer genießen.

stehen vor allem hochwertige Weißweine vom Riesling über Weiß- und Grauburgunder bis zum Chardonnay sowie tiefe, aromenreiche Rote wie Spätburgunder, Dornfelder und Schwarzriesling zur Auswahl. In der hauseigenen Schatzkammer lagern sogar Raritäten aus den Spitzenjahrgängen 1911, '21 und '59.

Zum Weingut gehört das Hotel und Restaurant Weedenhof, mit dem die Winzerfamilie an eine geschichtsträchtige Tradition anknüpfte. Am einstigen Dorfweiher (= Weed), wo früher die Pferde der durchreisenden Fuhrwerke getränkt wurden, sollte wieder eine Stätte des Genusses und der Erholung entstehen. Mit Michael Knöll, zuvor Küchenchef im renommierten Mainz-Hilton, fand sich ein professioneller Partner, der erfolgreich eine regionale, frische Küche mit Anspruch etablierte, die aufs Beste mit den Schick'schen Weinen harmoniert, die hier schwerpunktmäßig angebo-

ECKES SPIRITUOSEN & WEIN GMBH

Bei dem Namen Eckes denkt man vielleicht nicht sofort an Rheinhessen, aber ganz sicher an saftig-süße, tiefrote Kirschen, denn mit seinem wohl bekanntesten Produkt "Eckes Edelkirsch" ist der international operierende Konzert aus dem rheinhessischen Nieder-Olm über die Landesgrenzen hinaus berühmt geworden.

Mitte des 19. Jahrhunderts ließ sich der Fuhrunternehmer Peter Eckes in Nieder-Olm, an der alten Heerstraße nach Paris, nieder und transportierte unter anderem auch Brände, die ihm selbst jedoch gar nicht mundeten. Kurzerhand entschloss er sich: "Das kann ich besser!", installierte 1857 eine Destille und brannte fortan so erfolgreich, dass er sich bald nur noch dem Hochprozentigen widmete. Das Unternehmen gewann schnell an Größe und Bedeutung und die Nachfolgegenerationen vermochten es, mit dem Mut zur Innovation und Weiterentwicklung die Marke Eckes international erfolgreich zu positionieren. Besonders eindrucksvoll gelang dies mit den beiden Aushängeschildern des Konzerns, die noch immer als Gütesiegel für hochwertige Spirituosen stehen: Eckes Edelkirsch und CHANTRÉ, der als "der weiche Weinbrand" in die Spirituosengeschichte einging.

Die gute Reputation des Hauses geht auf das Bestreben zurück, die Bedürfnisse des Kunden und des Marktes zu erkennen und so perfekt wie möglich umzusetzen. Und das gelingt nicht nur hier in Deutschland aufs Beste, sondern auch in Österreich, Italien und Tschechien.

Die Marken aus dem Hause Eckes – Wein,

ECKES Spirituosen &
Wein GmbH

Ludwig-Eckes-Allee 6
55268 Nieder-Olm

Telefon 0 61 36 / 35 - 0
Telefax 0 61 36 / 35 - 400

Herzkuchen mit Eckes-Edelkirsch-Glasur

Zutaten

Teig:
185 g Butter
300 g Zucker
1 Prise Salz
6 Eier, getrennt
300 g gemahlene Haselnüsse
6 EL Eckes Edelkirsch
185 g Mehl
3 TL Backpulver
225 g Nougat

Glasur:
250 g Kirschkonfitüre
1 Pck. Tortenguss, rot
4 cl Eckes Edelkirsch

Zubereitung

Ein herzförmige Backform einfetten, zuckern, kühl stellen. Butter mit dem Zucker so lange schlagen, bis sich der Zucker löst, Salz und 6 Eigelb unterrühren, Haselnüsse und Likör zugeben. Mehl mit Backpulver mischen und darüber sieben, gut vermischen. Nougat in kleine Würfel schneiden, in den Teig einrühren. Zu Schnee geschlagenes Eiweiß unterheben. Teig in die Form füllen und im vorgeheizten Ofen bei 175–200 °C (Gas: Stufe 2-3) 50–60 Min. backen. Dann auf ein Kuchengitter stürzen und auskühlen lassen. Konfitüre erhitzen, mit dem Mixstab pürieren und langsam aufkochen lassen. Tortenguss mit dem Likör verrühren, in die Konfitüre rühren. Nochmals aufkochen und dann den Kuchen damit glasieren.

Sekt, Weinbrand, Liköre und klare Spirituosen – haben einen hohen Wiedererkennungswert und präsentieren sich als fest etablierte Marken, die seit Jahrzehnten zum kulinarischen Alltag der Konsumenten gehören.

Über Generationen hinweg, mit kleineren Änderungen im Erscheinungsbild, aber stets gleich bleibendem Geschmack, haben prominente Produkte wie Mariacron, Zinn 40, Echter Nordhäuser, Freixenet, Julia und Stock 84 ihren Platz im heimischen Bar-Schrank behauptet.

Mit Innovationen wie den Weinlinien Mederaño de Freixenet, Collection de CHANTRÉ, Passione di Julia oder Echter Nordhäuser Eiskräuter werden auch weiterhin neue Zielgruppen erschlossen.

Die Verbundenheit der Firma Eckes mit den Menschen dieser Region ist seit jeher wesentlicher Bestandteil der Unternehmensphilosophie.

Und so geht auch der berühmte Mainzer Fastnachtsbrunnen auf eine Stiftung von Ludwig Eckes aus den 1960er Jahren zurück. Die Motive der Mainzer Fastnacht wie Till und Bajass, Schwellköpp, Garden und Narrenkappen wurden hier eindrucksvoll durch den Künstler Blasius Spreng thematisiert. Damit wurde der Stadt, ihren Menschen und ihren Traditionen ein würdiges Denkmal gesetzt.

GUTSSCHÄNKE HORN IM WEINGUT FRANZEN

**Gutsschänke Horn
im Weingut Franzen**

Außerhalb 9
55268 Nieder-Olm

Telefon 0 61 36 / 4 24 84
Telefax 0 61 36 / 95 23 03

Ruhetag: Dienstag
Weihnachten – Anfang Februar
geschlossen

Inmitten von Weinbergen und Obstanlagen liegen das Weingut und die Gutsschänke Horn der Familie Franzen auf dem Ebersheimer Berg (folgen Sie der Beschilderung in Richtung Mainz-Ebersheim), von wo aus der Gast einen herrlichen Ausblick über das Rheinhessische Hügelland vom Taunus bis zum Donnersberg genießen kann.

Hier lebt und arbeitet Familie Franzen mit drei Generationen für das Wohlergehen ihrer Gäste. Mit Freude und Engagement werden hier alle Besucher mit Spezialitäten aus Küche, Keller, Feld und Flur verwöhnt. Zu den beliebtesten Gerichten der Gutsschänke gehören das Kroppeschnitzel, das mit reichlich Wein eingelegt wird, das Kartoffel-Dippche oder die Käseschnitte nach Winzerart. Auch für seine knusprigen Bratkartoffeln ist das Haus bekannt.

Das ganze Jahr über werden die saisonalen Spezialitäten des Hauses und der Region in ideenreichen Extra- und Tageskarten vorgestellt. Jede Jahreszeit hat dabei ihren eigenen Reiz und zeigt sich von ihrer schönsten Seite.

Von nah und fern kommen die Feinschmecker im Frühjahr auf den Ebersheimer Berg, um den Frühlingsbrunch und die Spargelsaison zu genießen. Dieses königliche Gemüse wächst auf eigenen Feldern, wird täglich frisch geerntet und zu köstlichen Spargelgerichten zubereitet oder im eigenen Hofladen verkauft (auf Wunsch sogar geschält).

Im Sommer erholen sich die Gäste im lauschigen Garten und auf der Terrasse mit wunderbarem Panoramablick bei herzhaften Grillgerichten und spritzigem Sommerwein vom Alltagsstress.

Der Herbst ist die Zeit des Federweißen mit Zwiebelkuchen, dem Kürbis, der Schlachtfeste und der Kartoffelwoche.

Gansessen, Wildwochen und Adventsbrunch gehören selbstverständlich zur Winterzeit.

Der sonnendurchflutete Wintergarten und das blaue Stübchen mit seiner großen Fensterfront bieten sich auch hervorragend für Gesellschaften, Familienfeiern und Geschäftsessen an. Familie Franzen kümmert sich dabei ebenso professionell wie herzlich um das auf die Wünsche der Gäste abgestimmte kulinarische Programm und dekoriert die Gasträume stilvoll individuell aus.

Der Sonntagmorgen steht im Zeichen eines umfangreichen Sektfrühstücks und nachmittags zieht der köstliche Duft der hausgebackenen Kuchen und frischen Kaffees durch die Räume.

Die Weinberge des Weingutes liegen in greifbarer Nähe. Sie sind überwiegend mit Burgunder, Riesling, Silvaner und Portugieser bepflanzt. Gern lädt Michael Franzen seine Gäste zur Weinbergsführung mit Weinprobe ein (der Weinverkauf mit Präsentservice und Weinversand ist täglich geöffnet).

Spargelsalat

Zutaten

1,5 kg frischer Spargel (nicht zu dick
14-16 mm)
8 EL hochwertiges Öl
4 EL Balsamessig
Pfeffer, Salz
1 Bd. Schnittlauchröllchen und
2 EL Crème fraîche

Zubereitung

Spargel schälen und in ca. 5 cm lange
Stücke schneiden. Ca. 12-15 Minuten
in Salzwasser mit einer Prise Zucker
bissfest kochen. Öl mit dem Essig, Salz
und Pfeffer zu einer Marinade verrühren. Über die noch lauwarmen Spargel
geben und vorsichtig vermischen. Den
Schnittlauch in Röllchen schneiden
und mit der Crème fraîche verrühren.
Evtl. mit kleingehacktem Ei bestreuen.
Ganz besonders appetitlich wird Ihr
Spargelsalat mit essbaren Blüten aus
dem Garten.

RESTAURANT IM WEINGUT DER STADT MAINZ

Restaurant im Weingut
der Stadt Mainz

Obergasse 3
55295 Harxheim

Telefon 0 61 38 / 98 06 60
Telefax 0 61 38 / 98 00 06

Ruhetag: Dienstag, Mittwoch

Schon beim Betreten des idyllischen Innenhofs verspürt man ein Gefühl, das man mit "rheinhessischem Savoir-vivre" umschreiben könnte. Fachwerk und Sandstein, duftende Blumen und Kräuter sowie helle Holzgarnituren verbreiten ein südlich-legeres Lebensgefühl. Einst wurde das 1725 erbaute Anwesen als Veranstaltungsort des Weingutes der Stadt Mainz genutzt, doch mit der Eröffnung des Restaurants durch Patron Kurt Höfer und Partner Frank Brunswig im Jahr 1998 hat Rheinhessen ein kulinarisches Highlight hinzugewonnen, das die hauseigenen Weine mit lukullischen Partnern zur köstlichen Aromenfusion vereint.

Die moderne, zeitgemäße Inszenierung des historischen Hauses macht seinen besonderen Charme aus. Stuck, eine sehenswerte Holzvertäfelung und die großzügige Raumgestaltung verbreiten die Eleganz eines Herrschaftshauses.

Die frische, saisonal abgestimmte Speisenauswahl von Küchenchef Carsten Becker zeigt sich mal edel-rustikal, mal exotisch, mal südlich inspiriert. Auf der Terrasse werden auch weinige Kleinigkeiten serviert und im historischen Kreuzgewölbekeller lässt es sich ungestört feiern. Gelegenheiten, das gelungene Ambiente in geselliger Runde zu erleben, bieten der jährliche Tag der offenen Tür im März, die kulinarischen Weinproben mit dem Weingut der Stadt Mainz, das Harxheimer Weinhöfefest sowie das Spargelfest am 1. Mai eines jeden Jahres.

Weingut Johannishof & Weingut der Stadt Mainz

Der Name Fleischer steht seit 1742 für anspruchsvolle Weine aus renommierten Lagen. Seit Ende der 1960er Jahre hat das Weingut im verkehrsgünstig gelegenen Johannishof am Ortsrand von Mainz-Hechtsheim seine Heimat gefunden. Vor zehn Jahren pachtete die Familie außerdem das Weingut der Stadt Mainz und bewirtschaftet nun 20 ha rund um die Landeshauptstadt. Der Rebsortenspiegel zeigt sich vielfältig. Nicht nur mit Riesling, Chardonnay, Weiß- und Grauburgunder, auch mit Gewächsen wie Merlot, Cabernet Sauvignon, Spätburgunder und Dornfelder stellen Hans Willi und Sohn Michael Fleischer unter Beweis, dass sie zu den Besten der Region gehören.

Die Vielfalt an Rebsorten und ihre divergierenden Bedürfnisse erfordern viel Erfahrung, handwerkliches Know-how und ein sicheres Gespür für das passende Terroir. Nach ertragsreduzierendem Rebschnitt und selektiver Lese vereint Michael Fleischer im Keller traditionelle Methodik mit modernster Technik. Durch langsame, temperaturgesteuerte Vergärung entstehen fruchtintensive, elegante Weißweine, die sich rebsortentypisch und erfreulich säurearm präsentieren, was sie ihrer Heimat, sonnigen Südhängen, verdanken. Die jahrgangsbesten Rotweine bettet Michael Fleischer im Barrique zur Ruhe, was ihm bereits viel Lob in der Fachwelt einbrachte.

Tipp: Neben Weinproben im Weingut können die Fleischer-Weine auch im Restaurant im Weingut der Stadt Mainz verkostet werden.

Weingut Johannishof &
Weingut der Stadt Mainz

Rheinhessenstraße 103
55129 Mainz-Hechtsheim

Telefon 0 61 31 / 5 97 97
Telefax 0 61 31 / 59 26 85

LANDHOTEL SCHLOSS SÖRGENLOCH

kreative Darbietung regionaler Grundprodukte und beherrscht sowohl klassische Gerichte als auch ihre südlich inspirierte Variation.

So finden sich neben Stubenküken an karamellisiertem grünem Spargel, Bouillabaisse mit Knoblauchbaguette und Rouille und Lasagne von Sommerbeeren mit Mascarpone-Espresso-Crème und frittierter Minze auch rheinhessische Backeskartoffeln und die äußerst beliebte Kartoffelsuppe, die je nach Saison mit Lachs, Trüffel oder Bärlauch auftritt. Im monatlichen Rhythmus setzt die Speisenauswahl neue, jahreszeitlich geprägte Impulse. Auf der mediterranen Terrasse werden sommerlich leichte Spezialitäten gereicht, die gut zu den kredenzten Weinen passen. Fast alle rheinhessischen Spitzenwinzer sind vertreten, ergänzt von erlesenen Weinen aus Frankreich, Italien, Spanien und Portugal. Insgesamt kann man aus knapp 200, darunter ca. 30 offenen, Positionen wählen.

Auch wenn der Begriff Schloss nicht ganz zutreffend ist, das pittoreske Herrenhaus, das seit Dezember 2000 das elegante Landhotel Sörgenloch beheimatet, verströmt auch so genug Charme. Es war ein großes Glück für den lange Zeit ungenutzten, sanierungsbedürftigen einstigen Sitz der Freiherren von Köth-Wanscheid, dass der erfahrene Gastronom Thomas Heinicke sich dem Objekt mit Leib und Seele verschrieb. Nach aufwändiger Restaurierung bereichert das Haus heute die Gastronomielandschaft Rheinhessens.

Das historische Gebäude beherbergt das Restaurant, während der Neubau nebenan die 24 großzügigen Zimmer im Landhausstil birgt. Alte und neue Bausubstanz fließen harmonisch ineinander über, moderne Kunst – Bilder, Lampen und Skulpturen – fängt die historische Struktur behutsam auf und verleiht ihr ein ganz eigenes, elegant-entspanntes Flair.

Die Schloss-Küche versteht sich frei von Nostalgie auf die zeitgemäße, frisch und

Landhotel Schloss Sörgenloch

Schlossgasse 7 – 9
55270 Sörgenloch

Telefon 06136 – 9527-0/-126
Telefax 06136 – 9527-130

SÖRGENLOCH

KARTÄUSERKLÖßE MIT WEINSOßE

Zutaten

6 getrocknete Milchbrötchen
1/2 l Milch
5 Eier
je 100 g Vanillezucker und Zucker
Öl zum Frittieren

Soße:
1/2 l Riesling
150 g Zucker
2 Nelken
1 Pr. Zimt
1 Zitrone
1 TL Speisestärke
4 Eiweiß

Monatlich wird ein Winzer mit einer Auswahl seiner Weine sowie passenden Gourmandisen exklusiv präsentiert.

Das Haus hat sich bundesweit als renommierte Adresse für Tagungen und Seminare (Multifunktionsraum mit modernster Technik) einen Namen gemacht und bietet auch genussreichen Events wie dem Wein- und Gourmetfestival "Rheinhessen – Skandalös gut" eine würdevolle Kulisse. Trotz stilvollem Interieur und modernem Komfort hat es sich ein familiäres Flair bewahrt, das von Inhaber Thomas Heinicke und Lebensgefährtin Nicole Massoth mit herzlicher Art gepflegt wird. Gern sitzt man am Abend gemütlich beieinander und genießt den lukullischen Reigen in der fürstlichen Kulisse eines Herrenhauses, den man auch in einem richtigen Schloss nicht genussvoller inszenieren könnte ...

Zubereitung

Milchbrötchen halbieren und die Kruste abreiben. Milch, Eier, Zucker und Vanillezucker vermischen und die Brötchen darin einweichen. Sobald sie die Flüssigkeit eingesogen haben, etwas ausdrücken und zu Klößen formen. In der abgeriebenen Kruste panieren und in reichlich Öl schwimmend goldgelb ausbacken.

Riesling mit Zucker, Saft und abgeriebener Schale der Zitrone, Zimt und Nelken aufkochen.

Mit der Speisestärke binden und durch ein Sieb passieren. Mit Frischhaltefolie abdecken und erkalten lassen. Eiweiß steif schlagen, unter die Weinsoße heben.

Kartäuserklöße anrichten, Soße darüber geben und mit einer Minzblüte garnieren.

KAPELLENHOF

kalkreichen Lehmböden bestimmt, die für gehaltvolle, strukturreiche Weine bürgen. Zu den besten Lagen zählen der Selzener Gottesgarten und der Hahnheimer Knopf, wo sich immer wieder Muscheln der 60 Mio. Jahre alten Spitzkegelschnecke als eindrucksvolles Zeugnis für die urzeitliche Vergangenheit dieser Region finden!

Bei der Weinbergspflege und dem rebsortentypischen Ausbau seiner Weine setzt Schätzel auf Tradition und Natürlichkeit. Dauerbegrünung, minimale, gezielte Düngung und geringster Einsatz von chemischem Pflanzenschutz sind ebenso wichtig für ein hochwertiges Lesegut wie Ertragsreduzierung durch konsequenten Rebschnitt, Entblätterung und Traubenausdünnung.

Im Keller sorgen temperaturgesteuerte, verlangsamte Gärung im Edelstahltank und sensible Filtration für ein reiches Spektrum an Aromen. Recht früh abgefüllt, zeigen sich die Schätzel'schen Gewächse zunächst noch frisch und jung, weisen dadurch aber eine hohe Lagerfähigkeit auf und gewinnen mit zunehmendem Alter an Profil. Das beweisen nicht nur zahlreiche Preise bei nationalen Prämierungen, sondern auch die Aufnahme der Linie "Oekonomierat E" in den erlesenen Kreis der Selection Rheinhessen.

Da fügt es sich für Genießer wunderbar, dass die hauseigene Weinstube unter der Leitung von Sabine Schätzel im stilvollgemütlichen Ambiente zur Verkostung der edlen Kreszenzen einlädt.

Die Gäste nehmen Platz in der romantischen Weinstube mit ihren schweren Holzbalken und vielen liebevoll dekorierten Details, die sich zur Dachterrasse hin öffnet, welche einen weiten Blick über das ganze Kapellenhof-Ensemble freigibt, und bei den Hoffesten und anderen Events auch im großen Garten, der mit seinem altem Baumbestand und dem plätschernden Springbrunnen eine mediterran beschwingte Atmosphäre zaubert.

Die Speisenauswahl stellt den kleinen Hunger wie den anspruchsvollen Genießer-

Weingut Kapellenhof

Oekonomierat Schätzel Erben

Kapellenstraße 18
55278 Selzen

Telefon 0 67 37 / 204
Telefax 0 67 37 / 86 70

Weinstube Kapellenhof

Kapellenstraße 18 a
55278 Selzen

Telefon 0 67 37 / 83 25
Telefax 0 67 37 / 86 70

Der Besuch des wunderschönen Kapellenhofs in Selzen lädt ein zur genussvollen Reise in die Vergangenheit. Schon 1373 wurde das einstige Hofgut als "Capell-Hube" urkundlich erwähnt und seine Ländereien dienten dem Unterhalt eines Geistlichen. Etwa zeitgleich, nämlich 1350, begann auch die Weinbautradition der Familie Schätzel, deren Vorfahren im 18. Jahrhundert in den Besitz des Kapellenhofes kamen. Emil Schätzel schließlich verlieh dem Weingut durch Einheirat nicht nur seinen Namen, sondern auch den Zusatz "Oekonomierat": Aufgrund seines Engagements für den Weinbau wurde er von Großherzog Ernst-Ludwig von Hessen mit dem ehrenvollen Titel belegt.

Noch heute sieht sich Weinmacher Thomas Schätzel, der das renommierte Weingut in 5. Generation leitet, als Mittler zwischen Weinbautradition und modernstem Knowhow. Klassische Weißweine – Riesling, Silvaner und Burgundersorten – bestimmen den Schwerpunkt des Angebotes.

Die Weinberge erstrecken sich auf sonnige Südhänge des Selztals und werden von

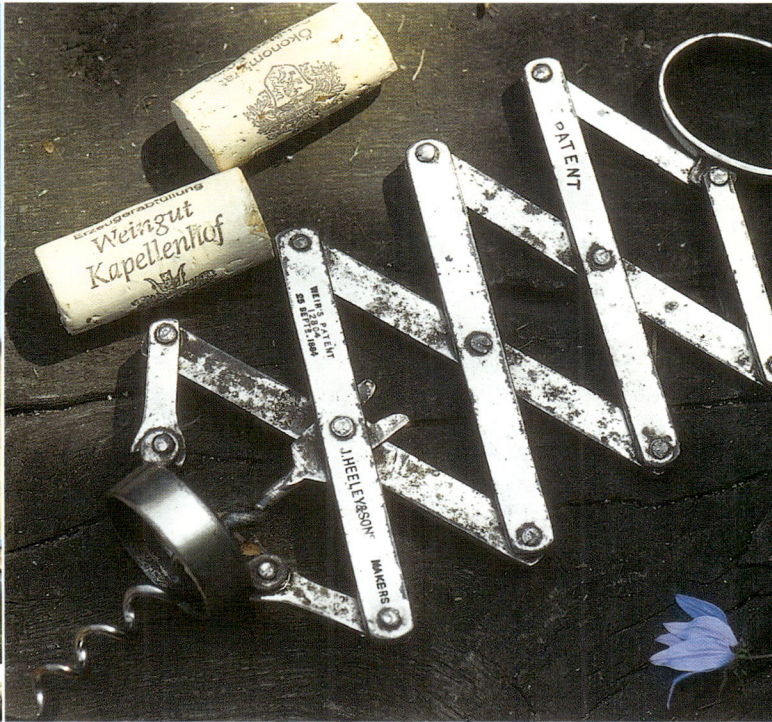

gaumen gleichermaßen zufrieden und zeigt sich als adäquater Genusspartner für die hauseigenen Weine. Aktuelle Angebote auf Tafeln tragen dem saisonalen Warenkorb Rechnung.

Weinige Events wie kulinarische Weinproben unter dem Motto "Weinkulinarium in der Weinstube" vereinen ein erlesenes 4-Gang-Menü mit korrespondierenden Weinen, die der Hausherr oenologisch kommentiert. Zum Schluss krönt ein kulturelles Schmankerl, z. B. "Dinner for one auf rheinhessisch", das Genussspektakel.

Des Weiteren bieten kulturelle Veranstaltungen von Jazzkonzerten über klassische und moderne Theaterstücke bis hin zu den geselligen Hoffesten die Gelegenheit, die Schätzels und ihren Kapellenhof kennen zu lernen und hier Wein, Kultur und Kulinarisches als vollendete Genussfusion zu erleben.

KULINARISCHE EMPFEHLUNGEN

Interessengemeinschaft Urlaub
beim Rheinhessenwinzer 34

Informationen und Buchung über:
Rheinhessen-Information GmbH
Wilhelm-Leuschner-Straße 44 · 55218 Ingelheim
Telefon 06132 - 44170 · Telefax 06132 - 441744
info@rheinhessen-info.de
www.rheinhessen-info.de

Bernhard-Räder · Weingut u. Gästehaus
Langgasse 41 · 55234 Flomborn
Telefon 06735-960085 · Fax 960086
weingut@bernhardraeder.de
www.bernhardraeder.de

Breth · Weingut u. Gästehaus
Bachgasse 15 · 67577 Alsheim
Telefon 06249-4553 · Fax 6550
weingut.breth@t-online.de · www.weingut-breth.de

Ellernhof · Landhotel-Weingut
Familie Graß · Ellerngasse 5 · 55237 Lonsheim
Telefon 06734-260 · Fax 8442
info@landhotel-ellernhof.de
www.landhotel-ellernhof.de

Hagemann
Gästehaus im Weingut Charlottenhof
Dalheimer Straße 23 · 55278 Weinolsheim
Telefon 06249-905151 · Fax 905153
info@weingut-hagemann.de
www.weingut-hagemann.de

Himmelacker
Winzerhotel im Weingut Storr
Westhofer Straße 1 · 55232 Alzey-Dautenheim
Telefon 06731-42112 · Fax 42680
winzerhotel.storr@t-online.de · www.winzerhotel.com

Janson · Weingut & Gästehaus
Hauptstraße 7 · 55578 Vendersheim
Telefon 06732-8771 · Fax 64137
mail@weingutjanson.de · www.weingutjanson.de

Julianenhof · Weingut u. Gästehaus
Uttrichstraße 9 u. 11 · 55283 Nierstein
Telefon 06133- 58121 · Fax 57451
schmitt@weingut-julianenhof.de

Kronenhof
Wein & Ferien - Straußwirtschaft
Andreas Hattemer
Langgasse 8 u. 14 · 55435 Gau-Algesheim
Telefon 06725-95703 · Fax 95704
weingut@kronenhof.de · www.kronenhof.de

Lorenz · Weingut und Gästehaus
Gaustraße 28 · 55278 Friesenheim
Telefon 06737-9703 · Fax 1448
weingut.lorenz@main-rheiner.de
www.weingut-lorenz.de

Merowinger Hof · Weingut u. Gästehaus
Familie Kitzer
Ernst-Ludwig-Straße 28 · 55576 Badenheim
Telefon 06701-2449 · Fax 2490
wg@weingut-kitzer.de · www.weingut-kitzer.de

Peth · Gästehaus u. Weingut
Alzeyer Straße 28 · 67592 Flörsheim-Dalsheim
Telefon 06243-908800 · Fax 9088090
Jutta@peth.de · www.peth.de

Petry-Frieß · Weingut & Gästehaus
Uelversheimer Straße 3 · 55278 Weinolsheim
Telefon 06249-67026
info@weingut-petry-friess.de
www.weingut-petry-friess.de

Rabennest im Winzerhof Koehler
Gästehaus
Hintergasse 2 · 55232 Heimersheim
Telefon 06731-96120 · Fax 46725
info@gaestehaus-rabennest.de
www. gaestehaus-rabennest.de

Rebstock · Gästehaus im Weingut
Schrauth-Becker
Ludwigstraße 17 · 55288 Udenheim
Telefon 06732- 4430 · Fax 919910
Weingut@schrauth-becker.de
www.schrauth-becker.de

Saulheimer · Weingut & Gästehaus
Leimengasse 10 · 55576 Zotzenheim
Telefon 06701-93350 · Fax 9335-55
saulheimer@weingut-saulheimer.de
www.weingut-saulheimer.de

Schuhmacher-Weinreich
Weingut und Gästehaus
Hintergasse 33 · 67595 Bechtheim
Telefon 06242-7675 · Fax 7678
info@schuhmacher-weinreich.de
www.schuhmacher-weinreich.de

Steitz · Weingut u. Gästehaus
Mörsfelder Straße 3 · 55599 Stein-Bockenheim
Telefon 06703-93080 · Fax 930890
mail@weingut-steitz.de · www.weingut-steitz.de

Thomas Schwibinger
Weingut und Gästehaus
Hinter Saal 1 · 55283 Nierstein
Telefon 06133-58203 · Fax 573729
weingut.th.schwibinger@freenet.de
www.weingutschwibinger.de

Thörle "Altes Kelterhaus" · Gästehaus
Winzerhof Rudolf Thörle
Ostergasse 40 · 55291 Saulheim
Telefon 06732-5443 · Fax 960860
Thoerle.saulheim@t-online.de
www.winzerhof-thoerle.de

Trautwein · Weingut
Familie Spaleniak
Hohlstraße 8 · 55237 Flonheim-Uffhofen
Telefon 06734-206 · Fax 6899
Ihrwinzer@weingut-trautwein.de
www.weingut-trautwein.de

Wagner · Gästehaus im Weingut
Wagner-Stempel
Wöllsteiner Straße 10 · 55599 Siefersheim
Telefon 06703-960330 · Fax 960331
info@wagner-stempel.de · www.wagner-stempel.de

Weingut / Ferienwohnung · Ingrid Scholl-
Metzler / Hans-Walter Metzler
Albiger Straße 13 · 55234 Bermersheim
Telefon 06731-8634 · Fax 8638
scholli54@web.de

Wolf · Weinhotel im Weingut Wolf
Gaustraße 16 u. 22 · 55296 Harxheim
Telefon 06138-6014 · Fax 6016
wolf@harxheim.de · www.weinhotel-wolf.de

Zimmermann
Weingut, Gutsschänke & Gästezimmer
Backhausgasse 3 · 55599 Siefersheim
Telefon 06703-960320 · Fax 960324
mail@weingut-zimmermann.de
www.weingut-zimmermann.de

"Zum Kelterhaus" · Ferienwohnung
Gundula Hangen-John
Wassergasse 21 · 55437 Ober-Hilbersheim
Telefon 06728-94410 · Fax 94143
Gundula_arnold_john@yahoo.de
www.zum-kelterhaus.de

Die Winzer vom Roten Hang e. V.   44

Informationen unter:
Dr. Ute Michalsky · 1. Vorsitzende
Wörrstädter Straße 24 · 55283 Nierstein
Telefon 06133 - 925577 · Telefax 06133 - 925579
www.roter-hang.de

A. Klein · Weingut
Saalpförtchen 2 · 55283 Nierstein
Telefon 06133 - 60091 / -93

Dr. Alex Senfter · Weingut
Wörrstädter Straße 10 · 55283 Nierstein
Telefon 06133 - 5478

Erwin Schwibinger · Weingut
Karolingerstraße 8 · 55283 Nierstein
Telefon 06133 - 59714

Eugen Wehrheim · Weingut
Mühlgasse 30 · 55283 Nierstein
Telefon 06133 - 58125

Franz Karl Schmitt · Weingut
Mainzer Straße 48 · 55283 Nierstein
Telefon 06133 - 5314

Freiherr Heyl zu Herrnsheim Weingut
Langgasse 3 · 55283 Nierstein
Telefon 06133 - 57080

Friedrichshof · Weingut
Bildstockstraße 8 · 55283 Nierstein
Telefon 06133 - 5342

Fritz Reichert I. · Weingut
Rheinstraße 30 · 55283 Nierstein
Telefon 06133 - 50171

Gehring · Weingut
Außerhalb 17 · 55283 Nierstein
Telefon 06133 - 5470

Georg Albrecht Schneider · Weingut
Wilhelmstraße 6 · 55283 Nierstein
Telefon 06133 - 5655

Georg Gustav Huff · Weingut
Woogstraße 1 · 55283 Nierstein
Telefon 06133 - 50514

Geschwister Schuch · Weingut
Oberdorfstraße 22 · 55283 Nierstein
Telefon 06133 - 5652

Heinrich Seebrich · Weingut
Schmiedgasse 3 · 55283 Nierstein
Telefon 06133 - 60150

Heise am Kranzberg · Weingut
Karolingerstraße 15 · 55283 Nierstein
Telefon 06133 - 5587

Ilse Dittewig-Bogen · Weingut
Hauptstraße 115 · 55283 Nierstein
Telefon 06133 - 59274

J. & H. A. Strub · Weingut
Rheinstraße 42 · 55283 Nierstein
Telefon 06133 - 5649

J. Becker & Sohn · Weingut
Friedrich-Ebert-Straße 55 · 55283 Nierstein
Telefon 06133 - 59728

Jakob Gerhardt · Wein- und Sektkellerei
Oberdorfstraße 27-29 · 55283 Nierstein
Telefon 5070

Julianenhof · Weingut
Uttrichstraße 9 · 55283 Nierstein
Telefon 06133 - 58121

Margarethenhof · Weingut
Mainzer Straße 86 · 55283 Nierstein
Telefon 06133 - 59290

Niersteiner Weingenossenschaft
Karolingerstraße 6 · 55283 Nierstein
Telefon 06133 - 97070

Schaetzel · Weingut
Oberdorfstraße 34 · 55283 Nierstein
Telefon 06133 - 5512

St. Antony · Weingut
Wörrstädter Straße 22 · 55283 Nierstein
Telefon 06133 - 5482

Sternenfelserhof · Weingut
Oberdorfstraße 16 · 55283 Nierstein
Telefon 06133 - 925550

Weinbaudomäne Oppenheim
Wormser Straße 162 · 55276 Oppenheim
Telefon 06133 - 930305

Zellertal-Betriebe   108

Elmar Klein · Weingut
Außerhalb 12 · 67591 Mölsheim
Telefon 06243 - 7890 · Fax 06243 - 7709
klein.e@arcormail.de

Fippinger-Wick · Weingut
Hauptstraße 2 · 67308 Zellertal-Zell
Telefon 06355 - 2201 · Fax 3176
weingut-wick@t-online.de · www.weingut-wick.de

Hagmaier · Weingut
Am Heckel 4 · 67591 Mölsheim
Telefon 06243 - 7865 · Fax 6595
info@weingut-hagmaier.de
www.weingut-hagmaier.de

Henge-Ernst-Würth · Weingut
Familie Lebert
Hauptstraße 35-37 · 67591 Mölsheim
Telefon 06243 - 295 · Fax 6117
weingut-hew@t-online.de · www.weingut-h-e-w.de

Herr · Wein- und Sektgut
Brückenstraße 5 · 67308 Zellertal-Niefernheim
Telefon 06355 - 459 · Fax 3621
info@weingutherr.de · www.weingutherr.de

Janson-Bernhard · Weingut
Hauptstraße 5 · 67308 Zellertal-Harxheim
Telefon 06355 - 1781 · Fax 3725
Weingut-Janson-Bernhard@t-online.de
www.jansonbernhard.de

KULINARISCHE EMPFEHLUNGEN

Mann-Fuchs · Weingut
Hauptstraße 14 · 67591 Mölsheim
Telefon 06243 - 479 · Telefax 905478
mann-fuchs@weingut-mann-fuchs.de

Roß · Weinbau & Gästehaus
Familie Roß · Kalkofen 4 · 67591 Mölsheim
Telefon 06243 - 7860 · Fax 905631
info@weinbau-ross.de · www.weinbau-ross.de

Seitz · Winzerhof
67297 Heyerhof
Telefon 06355 - 3321 · Fax 989495

Villa Wernz · Gästehaus
Inge Baumbauer · Hauptstraße 9 · 67308 Albisheim
Telefon 06355 - 989170 · Fax 989169
info@villawernz.de

Weller's Weinhäusel
Hauptstraße 2 · 67308 Einselthum
Telefon 06355 - 2323 · Fax 3631
weller.weinhaeusel@epost.de
www.wellers-weinhaeusel.de

Alte Patrone
Restaurant & Schlageter's Weinbar   22
Am Judensand 63 · 55122 Mainz
Telefon 06131 - 384638 · Telefax 06131 - 384653
restaurant@alte-patrone.de · www.alte-patrone.de

Am Amthof · Weingut   96
Wonnegaustraße 59 · 67550 Worms-Abenheim
Telefon 06242 - 99772 · Telefax 06242 - 99773
info@cleres.de · www.cleres.de

Bachhof · Gutsschänke   32
Bachstraße 5 · 55129 Mainz-Hechtsheim
Telefon 06131 - 507336 · Telefax 06131 - 582504
info@bachhof.de · www.bachhof.de

BattenfeldSpanier
Wein- & Sektmanufaktur   86
Bahnhofstraße 33 · 67591 Hohen-Sülzen
Telefon 06243 - 906515 · Telefax 06243 - 906529
kontakt@battenfeld-spanier.de
www.battenfeld-spanier.de

Best Western
Wein- und Parkhotel Nierstein   48
An der Kaiserlinde 1 · 55283 Nierstein
Telefon 06133 - 508-0 · Telefax 06133 - 508-333
info@weinhotel.bestwestern.de
www.weinhotel.bestwestern.de

Biegler
Winzerhof und Gästehaus   64
Hauptstraße 33 · 55278 Eimsheim
Telefon 06249 - 2385 · Telefax 06249 - 2385
info@winzerhof-biegler.de
www.winzerhof-biegler.de

Böhm · Destillerie und Weingut   150
Friedrich-Ebert-Straße 65 · 55286 Wörrstadt
Telefon 06732 - 65309 · Telefax 06732 - 4286
weingut.boehm@t-online.de · www.weingut-boehm.de

Börschinger's Nudeln   102
Inhaber: Theo Heyne
Neubachstraße 87 a · 67551 Worms-Horchheim
Telefon 06241 - 34960 · Telefax 06241 - 203946
nudelmanufaktur@boerschinger.de
www.nudelmanufaktur-worms.de

Ditsch Brezelbäckerei GmbH   30
Robert-Bosch-Straße 44 · 55129 Mainz-Hechtsheim
Telefon 06131 - 9957-0 · Telefax 06703 - 9957-30
info@ditsch.de · www.ditsch.de

Dohlmühle · Weingut, Weinrestaurant,
Vinothek und Weinstube   136
An der Dohlmühle 1· 55237 Flonheim
Telefon 06734 - 9410-10 · Telefax 06734 - 9410-20
dohlmuehle@t-online.de · www.dohlmuehle.de

Dr. Heyden · Weingut   58
Wormser Straße 95 · 55276 Oppenheim
Telefon 06133 - 926301 · Telefax 06133 - 926302
heydenwein@t-online.de
www.heydenwein-oppenheim.de

Dr. Hinkel · Weingut   127
Kirchstraße 53 · 55234 Framersheim
Telefon 06733 - 368 · Telefax 06733 - 1490
weingut.dr.hinkel@t-online.de · www.hinkelwein.de

Dreißigacker · Weingut   72
Untere Klinggasse 4-6 · 67595 Bechtheim
Telefon 06242 - 2425 · Telefax 06242 - 6381
info@dreissigacker-wein.de
www.dreissigacker-wein.de

Ebert's
Restaurant & Hotel am Schloss   112
Amtgasse 39 · 55232 Alzey
Telefon 06731 - 94224 · Telefax 06731 - 942255
ebert@hotelamschloss.com
www.hotelamschloss.com

ECKES · Spirituosen & Wein GmbH   166
Ludwig-Eckes-Allee 6 · 55268 Nieder-Olm
Telefon 06136 - 35-0 · Telefax 06136 - 35-400
info@eckes-stock.com · www.eckes-stock.com

Eichhof   116
55232 Alzey
Telefon 06731 - 7379 · Telefax 06731 - 98009
erhardkunz4u@t-online.de

Erbeldinger · Weingut   70
Haus Nr. 3 · 67595 Bechtheim-West
Telefon 06244 - 4932 · Telefax 06244 - 7131
Erbeldinger-bechtheim@t-online.de
www.weingut-erbeldinger.de

Espenhof
Landhotel & Weinrestaurant   140
Hauptstraße 76 · 55237 Flonheim-Uffhofen
Telefon 06734 - 962730 · Telefax 06734 - 940450
info@espenhof.de · www.espenhof.de

KULINARISCHE EMPFEHLUNGEN

VERZEICHNIS DER REZEPTE

ISBN 3-8295-6416-3

ISBN 3-8295-6402-3

ISBN 3-8295-7309-X

ISBN 3-8295-7301-4

KULINARISCHE ENTDECKUNGSREISEN...

...DURCH DIE SCHÖNSTEN URLAUBSREGIONEN

ISBN 3-8295-7310-3

ISBN 3-8295-6413-9

ISBN 3-8295-6417-1

ISBN 3-8295-6423-6

ISBN 3-8295-6419-8

ISBN 3-86528-300-4

ISBN 3-8295-7303-0

ISBN 3-8295-7302-2

ISBN 3-8295-7304-9

ISBN 3-8295-7308-1

ISBN 3-8295-6420-1

ISBN 3-8295-6421-X

Im Herbst 2004

Erscheinen…

Silke Martin / Brigitte Offenberg

Eine kulinarische Entdeckungsreise durch Rheinhessen

160 Seiten, 300 Farbfotos, Rezepte und 1 Karte
ISBN 3-86528-304-7
€ (D) 29,90, € (A) 30,70, sFr 47,80

Udo Eckert / Mechthild Schneider

Eine kulinarische Entdeckungsreise durch Bayerisch Schwaben und das Allgäu

160 Seiten, 300 Farbfotos, Rezepte und 1 Karte
ISBN 3-86528-305-5
€ (D) 29,90, € (A) 30,70, sFr 47,80

Dr. Ute Paul-Prößler / Johann Scheibner

Eine kulinarische Bierreise im Herzen Bayerns

184 Seiten, 400 Farbfotos, Rezepte und 1 Karte
ISBN 3-86528-309-8
€ (D) 29,90, € (A) 30,70, sFr 47,80

Uta Wagner / Nadia Richardt / Regina Jacobsen

Eine kulinarische Entdeckungsreise durch Schleswig–Holstein

160 Seiten, 300 Farbfotos, Rezepte und 1 Karte
ISBN 3-86528-308-X
€ (D) 29,90, € (A) 30,70, sFr 47,80

Angela Liebich / Micaela Seiferth-Wilde

Eine kulinarische Entdeckungsreise durch Thüringen

232 Seiten, 500 Farbfotos, Rezepte und 1 Karte
ISBN 3-86528-302-0
€ (D) 29,90, € (A) 30,70, sFr 47,80

Cornelia Haller / René Paetow

Eine kulinarische Entdeckungsreise durch Oberösterreich und das Salzburger Land

232 Seiten, 500 Farbfotos, Rezepte und 1 Karte
ISBN 3-86528-306-3
€ (D) 29,90, € (A) 30,70, sFr 47,80

Udo Eckert / Mechthild Schneider

Kulinarisches Reisebuch

192 Seiten, 24,6 x 27,7 cm, 400 Farbfotos, Rezepte und Karten
ISBN 3-86528-307-1
€ (D) 29,90, € (A) 30,70, sFr 47,80

Klaus Bednarz / Petr Blaha / Armin Faber

Spitzenweine aus Österreich

192 Seiten, 500 Farbfotos, Karten
ISBN 3-86528-303-9
€ (D) 34,90, € (A) 35,90, sFr 55,80

Gertrud und Eberhard Löbell / Björn Kray Iversen

Die kulinarische Pfalz

272 Seiten, 600 Farbfotos, Rezepte und 1 Karte
ISBN 3-86528-311-X
€ (D) 34,90, € (A) 35,90, sFr 55,80

Angaben für alle Titel: Hardcover – 24 x 30 cm – Fadenheftung

Alle Titel erhalten Sie bei Ihrer örtlichen Buchhandlung. Für weitere Informationen über unsere Reihe wenden Sie sich direkt an den Verlag:

UMSCHAU

Neuer Umschau Buchverlag | Maximilianstraße 35 | 67433 Neustadt/Weinstraße
Telefon 0 63 21/877-852 | Telefax 0 63 21/877-859
e-mail: info@umschau-buchverlag.de | www.umschau-buchverlag.de

IMPRESSUM

(c) 2004 Neuer Umschau Buchverlag GmbH, Neustadt an der Weinstraße

Gestaltung und Satz
ScreenDesign, Landau

Reproduktion
ScreenDesign, Landau

Texte
Silke Martin, Kriftel

Fotografie
Brigitte Offenberg, Mainz

Karte
Elsner & Schichor, Karlsruhe

Herausgeberin
Katharina Többen, Neckargemünd

Druck und Verarbeitung
Media-Print, Paderborn

Printed in Germany
ISBN 3-86528-304-7

Sofern nicht anders angegeben sind die Rezepte für vier Personen vorgesehen.

Besuchen Sie uns im Internet
www.umschau-buchverlag.de

Titelfotografie
Sommerliche Dessertvariation, zubereitet im Restaurant Alte Patrone, Mainz

Wir bedanken uns für die freundlicherweise zur Verfügung gestellten Fotos bei:
Brezelbäckerei Ditsch GmbH (S. 31 oben + links unten), Parkhotel (S. 93), Weingut Dr. Hinkel (S. 127 unten)